모래강의
신비

모래강의
신비

세상에 하나밖에 없는
한반도의 모래톱으로
떠나는 마지막 순례

글과 사진
손현철

민음사

모래에서 싹이 날까?

옛 사람들은 누군가가 말도 안 되는 일을 될 것처럼 우길 때 "모래에서 싹이 나길 바라지."라며 쯧쯧 혀끝을 차곤 했다. 가능하지 않은 일을 두고 고집을 부리거나 미련하게 덤벼들면 "모래 위에 물 쏟는 격."이라고 빗대서 그 부질없음을 표현했다. 그 위에서 아무것도 자라지 못하는 모래의 불모성(不毛性), 그 틈에서 액체를 오래 담아 두지 못하는 모래의 투수성(透水性) 때문에 그런 속담이 나왔을 터이다. 모래 위에 지은 집은 오래가지 못한다는 사상누각(沙上樓閣), 신하들이 모래밭에 앉아 모반을 꾀한다는 뜻의 사중우어(沙中偶語) 등 모래가 들어간 고사성어 치고 긍정적인 것이 별로 없다.

이른 봄 눈앞을 가리는 황사가 중국 대륙에서 몰려오면 모자와 마스크를 찾아 쓰느라 바쁜 우리가 아닌가? 눈에 티끌이라도 하나

들어가면 불편하고 갑갑해서 세상이 달라 보인다. 거기다가 잘못해서 모래 몇 알이 입안에서 씹히면 입에서 좋은 소리가 나올 리 없다. 아닌 게 아니라 물질적 특성만 봐도 모래는 별 쓸모없는 축에 속하는 듯하다. 도시민이라면 공사장에서 시멘트 버무릴 때 모래를 넣는다는 것을 알 뿐, 눈앞의 모래가 얼마나 값어치 있는지 자각하는 경우가 별로 없다. 세상에 넘치고 넘치는 흔해 빠진, 군더더기 잉여. 모래는 이런 푸대접을 받는다.

모래는 골칫거리다?

2009년 말부터 한반도의 모래는 더더욱 큰 골칫거리로 떠오른다. 단군 이래 최대의 토목공사라는 4대강 살리기(?) 사업을 성공적으로 완수하기 위해서, 모래는 강에서 제거해야 할 대상으로 지목됐다. 기공식이 끝나자마자 포클레인 수백 대가 달려들어 강변과 강바닥의 모래를 다짜고짜 건드렸다. 국가의 발주를 받은 토목 기업들은 모래가 강물 속에 고요히 있는 꼴을 못 보고, 모래를 파헤치고 퍼내서 엉뚱한 곳에 쌓아 놓는 일을 계속하고 있다. 원래의 위치와 형태를 잃어버린 모래는 생뚱맞게 농지 개량에 쓰인다고 논밭에 널브러졌다. 강의 수심을 깊게 해서 배를 띄우고, 강변에 보도블록을 깔고 콘크리트를 발라 유원지를 만들고 싶어 안달하는 쪽에서 봤을 때, 모래는 쓸모없는 장애물이다. 전체주의국가에서 속도전을 벌이듯, 공사를 밀어붙이는 과정에서 마구 쏟아져 나오는 모래는 건축자재 시장이 감당하기 힘든 엄청난 양, 그야말로 공급 초과 상태다. 당장 골재로 팔아먹을 수도 없고, 자리를 차지하고 앉아 야적장 임대료를 축내고 있으니 돈만 잡아먹는 성가신 존재다. 공사 내내 준설할 토사량이 5억 7000만 세제곱미터라 하니(국토해양부, 「4대강 살리기 마스터플랜」, 2009년 7월) 전국적으로 모래의 풍년, 아니 모래의 홍수가 난 셈이다. 바깥바람을 쐬게 된 모래의 양이 얼마나 많은지 알기 쉽게 설명하면 이렇다. 서울에서 부산 사이에 폭 100미터, 높이 5.7미터의 모랫둑을 두 줄 깔고도 100킬로미터가 남을 정도로 어마어마한 양이다. 밖으로 드러난 양이 얼마나 많은지 바람이 불면 모래 폭풍이 돼서 날리기 일쑤다. 주변 인가에 피해를 주고 민원까지 발생하니, 오죽하면 초록색 방진 그물로 덮어씌웠을까.

생명을 낳고 보듬어 주는 소중한 모래

모래에 관한 책을 쓰려고 처음 마음먹었을 때도 비슷한 걱정이 일었다. 너무 흔해 빠져서 사람들이 관심도 갖지 않는 하찮은 모래를 두고 무슨 말을 길게 할 수 있을까? 일본 작가 아베 코보의 『모래의 여자』 같은 소설이라면 모를까, 논픽션으로 모래 이야기를 펼친다는 건 비슷한 풍경이 계속되는 사막처럼 메마른 작업에, 결과물도 밋밋하고 재미없는 것이 될 공산이 커 보였다. 모래를 중심 소재로 잡은 책은 국내에서는 아마 이것이 처음일 텐데 "모래로 물 막는다."라는 속담처럼 무모한 일을 벌이는 것은 아닐까, 거창하게 시작해 놓고 얼마 못 가 포기하는 건 아닐까 하는 두려움도 생겼다.

그러나 역설적으로 권력이 모래를 천덕꾸러기로 취급하자 잘 알려지지 않았던 그 가치가 새로운 시각에서 주목받기 시작했다. 모래가 겪은 황당함과 억울함을 대변하는 움직임이 뜻있는 사람들 사이에서 생겨났다. 모래가 원래 있던 그 자리에 있어야 한다는 당연한 변호가 여기저기서 터져 나왔다. 한반도 남쪽에서 4대강을 상대로 요란하게 벌인 거대한 토목공사가 하찮게 여겨지던 모래의 의미를 적나라하게 일깨워 주었다.

생태계, 특히 강과 내의 하천에서 모래가 얼마나 중요한 역할을 맡고 있는지 새롭게 부각됐다. 모래톱은 강과 강변 습지 사이에서 생태적 완충지대가 된다. 모래톱은 참길앞잡이, 개미귀신 같은 강변 곤충의 삶의 터전이며, 흰수마자, 미호종개 등 민물고기의 산란 서식처다. 고라니는 모래톱에서 자라는 풀을 먹고 강 주변의 수달, 살쾡이, 너구리는 모래톱을 중심으로 먹이 사냥을 한다. 물속에 잠긴 모래는 오염 물질을 제거하는 천연 필터, 거름 장치 역할을 한다. 대구 부근에서 산업 단지 오폐수가 대량 유입되는 낙동강의 수질이 하류에서 오히려 좋아지는 것은 강물 속에 퇴적된 모래가 여과 작용을 하기 때문이다.

모래 더미는 모래알 사이사이에 자신의 부피 50퍼센트까지 물을 담아 둔다. 강바닥의 모래는 강물과 지하수를 연결하는 매개체이며 홍수가 났을 때 빨라진 물살의 에너지를 흡수해 범람 피해를 줄여 준다. 선진국들은 모래가 쌓인 강변 퇴적층을 거쳐 깨끗하게 여과된 강물을 가정과 공장에 공급한다. 유럽에서 비싸게 팔리는 에비앙, 볼빅 같은 생수는 땅속 깊은 모래층에서 정화된 물이다. 앞서 언급한 모래에 관련된 속설은 대부분 오해와 무지에서 비롯한 것이다. 사

강과 내의 하천에서 모래가 얼마나 중요한 역할을 맡고 있는지 새롭게 부각되고 있다.

실 모래는 자연환경과 인간에게 없어서는 안 될 소중한 자원이다.

강변 모래톱 위에 생긴 농경지, 그 주변에 발달한 마을과 서원 등 우리 조상들의 정서 깊은 곳에는 모래의 풍경이 자리 잡고 있다. 어릴 때 모래로 소꿉장난 한번 안 해 보고 두꺼비집 하나 지어 보지 않은 사람이 어디 있으랴? 모래에서 비롯한 심상과 비유는 우리 의식 속 어딘가에, 모래알처럼 잘 보이지 않게 흩어져 있다.

부끄러운 마음으로 한반도의 모래를 기록하다

2011년 4월 미국 중부를 흐르는 미주리 강 주변 세 곳에서 새로운 인공 지형이 완성됐다. 미주리 강 개발 공사로 사라졌던 모래톱 세

개를 미국 공병대가 복원한 것이다. 모래톱에 사는 작은제비갈매기, 피리물떼새 같은 텃새가 둥지를 틀고 번식할 수 있는 서식지를 마련해 주기 위해서였다. 새들이 알을 낳는 봄철에 맞춘다고 2010년 9월에 공사를 시작해서 이듬해 4월에 마치는 배려까지, 있는 모래톱도 없애는 대한민국의 상황과 극명하게 대비가 되는 사례다.

우리 세대는 무차별적으로 강을 파괴하는 권력의 횡포를 막지 못하고 나중에 모래톱을 복원하는 힘겨운 일을 자식 세대에게 넘겨 버렸다. 너무 무책임하게.

이 책은 그런 비겁함과 무책임에 대한 부끄러움에서 시작됐다. 사라져 가는 우리 산하의 모래와 모래톱의 지리, 생태, 문화, 정서적 의미를 더 늦기 전에 더 많은 사람에게 알릴 수 있다면 그 부담을 조금은 덜 수 있을지도 모르겠다. 책의 핵심은 2011년 8월 방송된 KBS 「환경스페셜」 "강과 생명 — 모래강의 신비"를 제작하는 과정에서 찾고, 느끼고, 배운 바에서 오롯이 비롯됐다. 여러 사정상 방송에서 다루지 못한 민감한 부분을 보태고, 제한된 방송 시간 때문에 생략한 내용을 상세하게 실었다.

한반도의 모래는 땅바닥에 뒹구는 모래알에서 그치지 않고 모래톱, 모래의 강으로 자신의 영역을 확장한다. 그래서 속담을 배반하고 정말 모래에서 싹이 나기도 한다. 모래 알갱이 하나에서 생명이 움트는 초자연적인 현상은 일어나지 않는다. 그 대신 하찮은 모래알들이 함께 모여 그 사이에 수분을 간직하고 씨앗을 움트게 한다. 사람들이 모래를 위해 싸우고 뭉치는 이유도 거기에 있다. 강 속에 물과 함께 있다가 어느 날 벌판에 생뚱맞은 사구처럼 쌓여 있게 된 모래는 바람에 날리며 외친다. 여기저기 모래알처럼 흩어져 있는 우리에게.

모래는 물을 따라 흘러야 한다. 물에 잠겼다가 드러나고 강변에 잠시 정착했다가 다시 쓸려 가서 바다에 도달해야 한다. 그 흐름을 끊는 일이 너무나 뻔뻔하고 당당하게 벌어지는 이 땅에서 얼마 남지 않은 모래의 유적을 지키고 찾아 나서려는 분들에게 이 책을 바친다.

차례

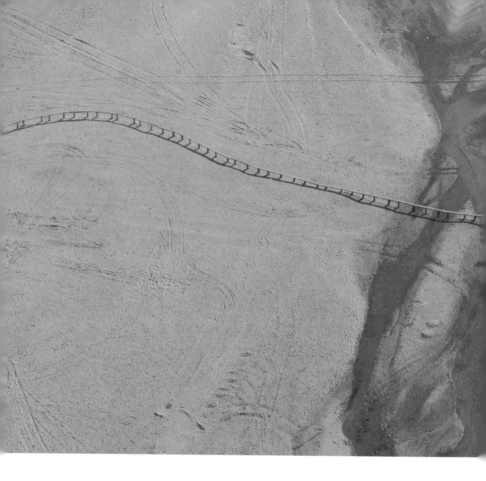

1   낯선 풍경으로
         떠나는 순례

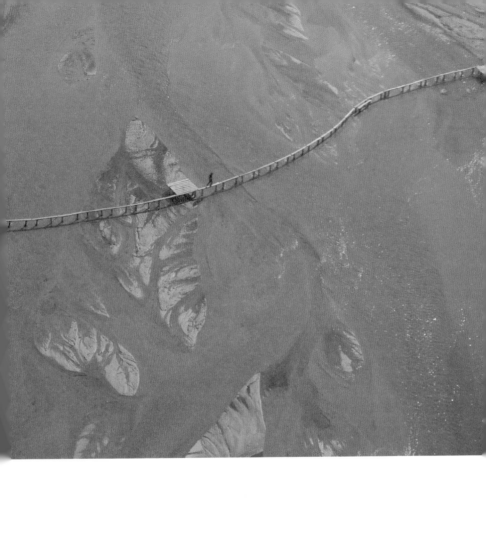

당신은 지금 어느 내륙 산간 지역의 콘크리트 다리 위에 서서 이상한 풍경을 바라보고 있다. 이 근처에서 태어나지 않았다면 아마 생전 처음 보는 지형에 당황하거나 놀라워하고 있을 것이다. 젖은 모래가 바닥에 넓게 깔려 있고 군데군데 생채기 같은 물길이 반짝이며 흐른다. 강인가, 벌판인가? 강원도 바닷가의 백사장도 아니고, 사진에서 본 서해 외딴섬의 모래언덕도 아니다. 신발을 벗고 걸어 볼 용기는 아직 없지만, 시퍼런 강물만 흘러가는 수심 깊은 여느 강과는 달리 느낌이 편안하다.

운이 좋으면 왜가리나 백로가 발을 물에 담그고 수도하는 은자처럼 물고기를 기다리는 모습을 볼 수도 있다. 새벽잠이 없어서 아침 일찍 왔다면 모래벌판을 가득 덮은 안개에 휩싸이기도 한다. 마치 아지랑이 가득한 사막 한가운데 서 있는 것처럼.

느리게 흐르다, 느리게 살다

비가 적게 오는 가을부터 늦은 봄까지 갈수기에 이 외딴 강은 아름다운 모래를 드러낸 채 천천히 움직인다. 사막 위로 쏟아진 빗물이 땅속으로 스며들지 않고 잠시 내를 이뤄 흐르는 듯한 착각이 들 정도로, 물이 흐르는 강인지, 모래가 주인인 강인지 종잡기 힘들다.

산간 내륙인 이곳에는 봄이 좀 늦게 찾아온다. 제일 먼저 물가 버드나무 가지에 새순이 올라온다. 녹음이 우거진 5월이면 강변을 따라 달뿌리풀과 물억새의 가는 줄기, 왕버드나무 잎사귀의 노랫소리가 바람에 실려 온다. 강둑 너머에선 밭을 일구고 있는 촌로들의 느린 몸짓이 보인다. 강 옆으로 차가 달리는 길이 많지만 도시에 비하면 자동차 엔진 소리는 아주 가끔 들려온다. 거름을 실어 나르는 경운기 소리가 이따금 정적을 깰 뿐, 여기는 물도, 사람도, 모래도, 바람도 느릿느릿 움직이는 곳, 숨겨진 슬로 라이프(Slow Life), 슬로 플로(Slow Flow)의 지점이다.

일단 이곳을 지도 위에 인쇄된 이름으로 '내성천'이라고 부르자. 당신은 아마 경상북도 영주, 안동, 예천을 지나는 흐름의 어디쯤에 있을 것이다. 물이 강둑까지 가득 차는 날은 아주 드물다. 6~7월 장마나 한여름의 집중호우, 태풍이 몰아치는 험상궂은 날을 빼고는 낮은 수위를 유지한다. 물이 불어나면 걷잡을 수 없는 흙탕의 격류가 밀려온다. 상류에서 떠내려온 덤불, 자갈, 모래, 지류에서 유입된 비닐, 스티로폼, 플라스틱 쪼가리가 정신없이 쓸려 간다. 그러나 그것도 잠시, 강물의 숨결은 낮아지고 바닥에 더 높게 쌓인 모래는 불순물을 걸러 낸 후 바닥이 훤히 보일 정도로 맑은 물을 쏟아 낸다. 다시 찰랑거리는 물결이 모래톱을 희롱하며 흐른다.

산과 산 틈으로 길을 낸 강이라 가을도 일찍 찾아온다. 선선한 바람이 불면 갈참나무, 신갈나무 잎이 갈색으로 변해 산의 머리를 염색해 준다. 단풍 색 가득한 화폭 속에 곧게 뻗은 은사시나무의 하얀 줄기가 눈에 번쩍 뜨인다. 날만 좋다면 11월 초까지도 맨발로 모래를 밟을 수 있다. 다행히 강이 있는 이 지역은 전국에서 일조량이 많은 축에 속해 흐린 날을 피해 가기도 쉽다. 얕게 흐르는 물에 운동화를 벗어 들고 발을 적시며 걸어도 좋을 정도로 물과 모래는 그리 차갑지 않다.

겨울이 되면 강과 모래는 표정이 굳는다. 산간 지역답게 혹심한 추위에 강물은 얼음 껍질을 만들어 뒤집어쓰고 그 밑으로 고요히 흐른다. 강바닥으로 불어오는 바람도 매몰차다. 젖어 있던 모래알들이 얼어붙어 세게 밟아도 발이 움푹 들어가지 않는다. 딱딱해진 모래 울타리 속에 얕은 물줄기가 갇혀 버린다. 강수량이 적어 눈이 펑펑 내리는 일은 자주 없지만 아주 적은 흩날림만으로도 모래의 강은 새하얗게 눈〔雪〕 화장을 하고 먼 길을 달려온 순례자를 반겨 준다.

위성사진 속에서 사라진 모래톱을 찾다

길게 거슬러 올라가면 삼십 년 전, 짧게는 21세기로 바뀌기 얼마 전 만 해도 한반도의 여러 곳에서 강변의 모래를 밟는 순례를 할 수 있었다. 아마 그때는 가벼운 마음으로 기분 전환 삼아 산책이나 소풍을 다녀왔으면 모를까, 모래가 흔한데 군이 경건한 마음가짐으로 찾아 나서야 할 절박성은 없었을 것이다. 그런데 슬프게도 모래와 물이 함께하는 풍경은 이제 대부분 사라졌다. 1960년대부터 우리 강의 모습은 산업화의 물결에 쓸려 큰 변화를 겪기 시작했다. 근대적 개발이라는 깃발 아래 댐과 보를 연이어 건설해서 이미 많은 모래가 자취를 감췄고 모래의 강이라 부를 만한 흐름은 몇 군데 남지 않았다.

구글 어스(Google Earth) 같은 지도 검색 프로그램이나 다음(Daum), 네이버(Naver) 포털 사이트의 지도 서비스를 검색해 보면 몇 년 전 강의 모습을 담은 위성사진을 볼 수 있다. 현실적으로 동력 패러글라이더나 헬리콥터에 몸을 실을 수는 없으니 인터넷이 제공하는

충청북도 충주시 달천 위성지도

강의 조감도(鳥瞰圖, Bird's Eye View)에 만족하자. 인공위성에 탔다 생각하고 대기권 밖 높은 하늘에서 한반도의 산하를 내려다본다. 짙푸른 산악 지대로 고도를 낮추면 뱀처럼 똬리를 틀고 굽이쳐 흐르는 물줄기가 모습을 드러낸다. 강을 향해 더 확대해 들어가면 강 가장자리를 따라 나 있는 하얀 띠 모양의 지형이 눈에 띌 것이다. 확대 표시를 최대한으로 누르면 그것이 보통의 흙빛 땅이 아니라 강변에 쌓인 모래임을 알 수 있다. 흰 붕대를 감아 놓은 것 같기도 하고 삼겹살의 먹음직스러운 하얀 지방 같기도 하다.

특히 영남 지역을 관통하며 흐르는 낙동강은 강과 모래를 따로 떼어 놓고 생각할 수 없을 정도로 모래 반, 물 반이다. 낙동강 중하류에 있는 경북 상주시부터 구미시까지, 경남 의령군부터 창녕군 남지읍까지는 강폭이 넓은 만큼 모래톱들이 큼직하게 발달했다. 금강의

1 낯선 풍경으로 떠나는 순례

상중류인 전북 무주군, 충북 영동군과 옥천군 지역에는 좁은 강폭에 걸맞게 하얀 모래의 띠가 얇게 강을 두르고 물과 함께 흐른다. 경남 하동군 화개면과 악양면, 전남 광양시 다압면의 경계를 이루는 섬진강 하류에도 큰 모래톱이 보인다. 이 밖에도 여러 곳에서 강줄기를 찾아 따라가 보면 크고 작은 모래 지형들이 푸른 강물 곳곳에 자리 잡고 있는 것을 발견할 수 있다.

그런데 안타깝게도 위성지도에서 볼 수 있는 모래강은 현재의 실제 모습과는 거리가 너무 멀다. 햇빛과 강물에 반짝이는 금빛 모래를 보리라 잔뜩 기대를 하고 갔다가 자갈과 달뿌리풀로 가득한 현장에서 실망하는 경우가 많다. 그나마 몇 해 전 위성사진으로 강의 원래 모습을 볼 수 있음에 감사해야 할지도 모른다. 최신 위성사진을 올려놓았다면 우리는 모래톱이 처참하게 조각나고 파헤쳐진 4대강 공사판만을 볼 수 있을 것이다.

옛 강에는 모래가 얼마나 많았을까?

강과 모래는 한반도의 지형을 형성하는 아주 중요한 요소이며 서로 아주 긴밀하게 얽혀 있는 존재다. 이전까지는 그 뜻을 깊이 생각해 보지 않았겠지만 우리말에는 모래가 엮어 내는 풍경과 관련한 지명이 많다. 독자가 발을 디디려고 하는 이 강의 현재 이름은 내성천이지만 옛 이름은 한자로 사천(沙川), 모래의 강, 순우리말로 풀자면 '모래내'였다.

지금도 지도를 꼼꼼히 뒤져 보면 '사천리'라는 마을 이름을 전

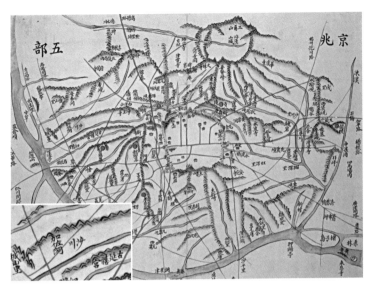

「동여도」 '경조오부' 부분(김정호 제작, 서울대 규장각 한국학 연구원 소장)

국 여러 곳에서 찾을 수 있다. 가장 잘 알려진 곳이 서울의 '모래내'
다. 19세기 초에 그려진 것으로 추정되는 「동여도」의 '경조오부' 부분
을 보면 북한산에서 흘러내려 오는 서울의 서쪽 하천을 사천(沙川), 모
래내로 표시하고 있다. 『조선왕조실록』에도 1727년(영조 3년)부터 사천
을 한양의 서쪽 경계로 삼으라는 어명이 실려 있다. 사천은 현재의 행
정구역상 서대문구를 흐르는 홍제천을 말하는데 시내 바닥에 모래가
많이 쌓여 있어서 물이 늘 그 밑으로 스며들었다고 한다. 홍체천 주
변에는 아직도 사천교, 모래내 시장 같은 지명이 남아 있다.

내성천이 흐르는 경북 영주시에도 모래와 관련된 지명이 많다.
영주시 문수면 적동1리에 '사느네'라는 마을이 있다. 마을 중앙으로

1 낯선 풍경으로 떠나는 순례

사천(沙川, 내성천의 옛 이름)이 흘러 사(沙)와 천(川)의 음과 뜻을 따서 '사느네'라고 불렀다고 한다. 지명만 봐도 한반도의 지형, 지리적 특성상 강과 내에 모래가 많았다는 것을 알 수 있다.

조선왕조 후기 재정과 군정(軍政)에 관한 내용을 정리해 놓은, 오늘의 경제 및 국방백서에 해당하는 『만기요람(萬機要覽)』을 보면 전국 팔도에 설치된 역(驛) 121개의 이름이 나온다. 그중 모래 사(沙)가 들어간 길과 역 이름이 7개, 내 천(川)이 들어간 길과 역 이름은 21개이다. 보통 지명을 정할 때 특징적인 주변 지형을 참고하는 것을 생각해 보면, 가히 조선은 '내와 모래'의 나라였음을 알 수 있다.

남녀노소 즐겨 부르던 노래와 사대부들의 시에서도 모래는 중요한 소재였다.

> 엄마야 누나야, 강변 살자
> 뜰에는 반짝이는 금모래 빛
> 뒷문 밖에는 갈잎의 노래
> 엄마야 누나야, 강변 살자
>
> ─ 김소월, 「엄마야 누나야」

1920년대 김소월이 노래했듯, 한반도의 강변 마을은 아침저녁 햇살에 반짝이는 모래로 환해졌다. 모래톱과 강둑 사이의 습지에 지천으로 자란 달뿌리풀과 억새가 강바람에 흔들리며 한낮의 자장가를 불러 주곤 했다. 역시 1920년대부터 널리 불린 동요 「햇볕은 쩅쩅 모래알은 반짝」에는 "햇볕은 쩅쩅/ 모래알은 반짝/ 모래알로 떡 해 놓고/ 조약돌로 소반 지어/ 언니 누나 모셔다가 맛있게도 냠냠"이라는 가사가 나오는데 여기서도 모래는 아이들 소꿉장난의 친근한 소재로 등장한다.

소월보다 백여 년 전, 다산 정약용도 남양주 두물머리부터 충주까지 300리 뱃길을 지나며 강변 풍경을 시로 읊었다.

둑 위에는 세 그루 버드나무　　　　　　　堘上三株柳

울타리 밑엔 10리나 되는 모래밭　　　　　籬根十里沙

그 안에 자리 잡은 정자 좋기도 해라　　　中藏好亭榭

돌아보니 여기가 내 집이로구나　　　　　還看是吳家

— 정약용, 「귀전시초(歸田詩草)」, 『다산시문집』 7권 중에서

강가에 10리나 되는 긴 백사장이 깔려 있고 둑 위에는 허리가 가느다란 버드나무가 하늘거리던 우리의 강. 소월과 다산 두 시인 모두 모래 강변의 살갑고 정겨운 풍경을, 돌아가 편히 살고 싶은 이상적인 공간, 한국적인 정서의 집터로 묘사하고 있다. 강변의 모래는 푸석하거나 메마르지 않다. 반대로 따스하고 편안하고 넉넉한 느낌을 준다. 물과 함께, 물 곁에 모래가 있기 때문이다. 부모들이 어린아이들이 마음껏 뛰놀게 안심하고 풀어 놓을 수 있는 곳이 바다와 강변의 백사장이다. 혹시 넘어져도 모래의 탄성이 충격을 흡수해서 크게 다치지 않고 훌훌 털고 일어날 수 있기 때문이다.

강변을 따라 난 물억새의 노랫소리가 바람에 실려 온다.

한반도, 모래와 강의 땅

조선 후기의 실학자 이중환은 젊은 시절 사화와 정변으로 정치적 좌절을 겪고 팔도를 유랑하는 신세가 된다. 그는 그러면서도 지적 호기심의 끈을 놓지 않고 자신이 체험한 우리 산하를 글로 기록했다. 그가 쓴 조선의 대표적 지리서 『택리지』는 사대부가 어느 곳에 자리를 잡고 살아야 좋은지에 대한 구체적이고 실용적인 제안으로 가득하다. 왕이 편찬을 명한 『동국여지승람』의 관념적, 관료적인 내용과는 달리 직접 보고 들은 바를 토대로 각 지역의 인문지리적 특성을 서술했기에 오늘날 봐도 정확한 내용이 많다. 이중환은 태백산 아래쪽, 그러니까 지금의 낙동강 수계 유역을 이렇게 기술한다. "태백산 아래쪽으로는 평평한 산에 넓은 들인데 풍경은 밝고 맑다. 흰모래가 많고 토질이 단단해 그 기색이 한양과 닮았다.(太白之下 平山曠野 明透清 郎 白沙堅土 氣色宛然如漢陽)"(『택리지』)

북한산에서 발원한 개천이 쓸어 오고 한강과 그 지류가 실어 오는 모래 때문에 조선의 수도 한양은 모래 천지였다. 한양의 지형에 익숙했던 이중환은 낙동강 유역의 모래를 보면서 수도 한양을 떠올렸다. 서울과 영남에는 모래를 많이 산출하는 비슷한 성질의 암석군(群)이 산과 들에 골고루 분포한다. 그래서 지질의 특성이 유사한 모래 지형이 생겨났다. 서울과 영남에 거주하던 선비들이 강을 노래한 시 치고 모래가 들어가지 않은 것이 없을 정도다. 『홍길동전』의 저자인 허균이 가려 뽑은 시선집 『학산초담(鶴山樵談)』에는 경남 진주 남강의 풍경을 읊은 송계(松溪)의 「촉석루시(矗石樓詩)」가 실려 있는데, 그

1 낯선 풍경으로 떠나는 순례

시에서도 모래가 나온다.

구름 사이 새어 나온 희미한 달이 잔잔한 물결을 비추어 주니
잠자던 해오리 나직이 날아 강변 모래톱에 내려앉네
漏雲微月照平波 宿鷺低飛下岸沙

— 송계, 「촉석루시」

이렇듯 한반도는 가히 모래와 강의 땅이라고 할 만했다.

사라져 가는 모래의 풍경

2009년 9월 이후 한반도의 강변 모래는 눈을 뜨기가 무섭게 급속도로 사라져 가고 있다. 예전에는 건축에 쓸 골재로 채취할 때에나 모래가 없어지는 정도였다. 1960년대 경제개발이 시작되면서 전력 수요가 늘어나자 수력발전, 홍수 예방을 위해 전국 곳곳의 강 상류에 다목적댐이 건설되었다. 중하류에는 농업용수를 확보하기 위해 보가 생겼다. 모래는 강을 채우지 못하고 물막이 댐과 보의 콘크리트 벽에 막혀 바닥 깊이 갇혀 버렸다. 밖으로 드러날 기회를 갖지 못한 채. 물살에 떠내려오던 모래의 흐름이 막히는 바람에 강변 모래도 서서히 사라졌다. 강물에 의한 토사 공급이 끊긴 상태에서 쌓여 있던 모래가 유실되면 모래의 양은 점점 줄어들 수밖에 없다. 게다가 강 양쪽에 돌과 콘크리트로 인공 제방을 쌓으면서 강물의 측방침식이 이루어지지 않아 강으로 유입되는 토사량이 더더욱 줄어들었다. 이런 식으로

낙동강 안동댐과 임하댐의 하류, 금강 대청댐과 용담댐의 하류에 있는 모래톱 중 상당수가 바닥의 자갈이 드러나고 억새만 무성한 곳이 돼 버렸다.

그런데 이제는 그마나 남아 있던 모래톱들이 4대강 공사로 전부 해체되고 박살 나는 중이다. 정부는 중장비를 동원해 돌격 작전을 벌이는 식으로 강변을 파헤쳐 모래톱을 박멸하고 있다. 모래가 깔린 마을을 강물이 휘감아 도는 푸근한 정경은 난데없이 사라지고, 4대강 공사장 주변은 강을 살린다는 온갖 미사여구와 군사작전 같은 구호로 가득하다. 모래를 퍼내는 굴착기와 그것을 실어 나르는 덤프트럭의 굉음, 날리는 흙먼지 때문에 인근 주민들은 밤잠을 설친다. 오랜 세월 자연의 순환 원리에 의해 강의 일부가 된 모래를 한꺼번에 전부 파내고 그 속을 물로 채우려는 시대착오적이고 반생태적인 토목공사로, 이제 소월과 다산이 읊은 풍경은 머릿속에서만 그려 볼 수 있는 추억이 되었다.

지금 독자가 서 있는 내성천도 몇 년 지나지 않아 모래는 다 쓸려 내려가고 볼썽사납게 거친 자갈과 잡초만 무성한 물줄기가 돼 버릴 가능성이 크다. 2009년 12월부터 한국수자원공사가 홍수 조절과 낙동강 중하류 지역 수질 개선을 목적으로 내성천 상류에 영주댐을 건설하고 있기 때문이다. 2012년 본댐이 완공돼 담수를 시작하면 매년 내성천으로 유입되는 모래의 양이 현재보다 17퍼센트가량 줄어들게 된다.(이것도 한국수자원공사가 보수적으로 추산한 수치다.) 낙동강 하류로 모래를 배출하기 위해 댐에 배사문을 설치한다지만 자연적인 유입과는 비교가 되지 않는다. 게다가 내성천을 관할하는 지방자치단체가 재정 수

입원인 골재 채취를 중단할 리가 없다. 이런 여러 요인이 겹치면 몇 년 못 가 모래강 내성천의 모습은 지금과는 확연히 달라질 수밖에 없다.

모래와의 이별을 이토록 아쉬워하는 이유

왜 우리는 모래가 사라지는 것을 아쉬워하다 못해 적극 반대하는가? 단지 한반도 고유의 아름다운 풍경이 사라진다고 해서? 4대강 사업을 추진하고 찬성하는 이들은 모래를 파내고 그 대신 더 많은 물을 채워서 새로운 친수 공간, 강변 생태 환경을 만든다고 한다. 우리 강이 21세기 토목 기술로 만든 인공 풍경으로 바뀐다고 해서 무슨 큰일이 나겠는가? 이런 식으로 가볍게 생각할 수도 있지 않을까?

그러나 문제는 그리 간단하지 않다. 자연이 수백만, 어쩌면 수천만 년 깎고 쓸고 싣고 내려놓은 퇴적물이 이룬 환경에는 그 나름의 지형학적 정당성과 항상성, 그것을 기반으로 형성된 유기체 생태계와의 상호 적응력과 균형점이 있다. 인간이 함부로 손을 대서, 그것도 한두 해라는 지극히 짧은 시간에 균형이 깨져 버린 자연은 반드시 스스로 복원력을 발휘할 것이다. 그 결과 단기간에는 강물의 수질이 악화되고 소규모 홍수가 나는 정도겠지만, 장기적으로는 우리의 상상을 초월하는 재앙이 올 수도 있다.

4대강 사업으로 모래톱에 첫 삽을 박기 전부터 양심적인 학자들과 지식인들이 다양한 관점에서 이 시대착오적이고 광기에 찬 공사의 문제점을 지적해 왔다. 그중 한 분인 한국교원대 오경섭 교수는 한반도의 하천 메커니즘과 생태계에서 모래의 핵심 역할과 기능을 탁월한 통찰력으로 정리했다. 프랑스에서 지형학을 전공한 오 교수에 따르면 사계절 강 수위가 고른 유럽과 달리 계절별 유량 변화가 심한 한반도 에서는 모래가 강의 수질을 정화하고 수량을 조절하는 역할을 한다.

모래는 자연 수질 정화 필터다

모래의 불순물 여과 기능은 잘 알려져 있다. 우리가 가정에서 마시는 수돗물은 모두 모래를 통과한 것이다. 수원지에서 끌어온 물 은 정수장에서 혼화, 응집, 침전의 과정을 거친 뒤 모래자갈 여과 장 치로 정화해서 상수 도로 공급한다. 강 속 에 쌓인 몇 미터 두 께의 모래도 같은 기 능을 한다. 오경섭 교수는 강의 모래를 '자연 수질 정화 필 터'라고 표현한다. 인 구밀도가 높은 도시 의 생활하수, 농공 단 지에서 나오는 산업 폐수가 유입되는데도 우리 강의 수질이 깨 끗한 이유는 모래의

모래 여과 장치. 모래에 여과하기 전과 후가 확연히 다르다.

탁월한 오염 물질 제거 기능, 자연 정수 기능 때문이다.

또 모래는 정화한 물을 담아 두는 저장고 역할을 한다. 강변의 젖은 모래를 밟아 보면 물이 솟아오르면서 발이 빠지는 것을 느낄 수 있다. 이는 모래가 물을 머금고 있기 때문이다. 입자 크기에 따라 다르지만 강의 모래 더미는 보통 자기 부피의 30~50퍼센트 정도의 물을 품고 있다. 갈수기에 강의 수위가 낮아지면 모래가 머금고 있던 물이 나와서 빈 곳을 채운다. 겉보기엔 말라 버린 모래라 할지라도 파 보면 그 속에서 흐르는 물을 볼 수 있다. 그러니까 강 속에 잠긴 모래톱은 강과 함께 물을 흘려보내는 또 다른 통로, 강 속의 강인 셈이다. 강바닥과 연결된 모래 토양층도 양질의 지하수를 머금고 있다가 강 수위가 낮아지면 물을 보탠다.

평소에 얕게 흐르는 모래강의 바닥을 잘 들여다보면 모래 알갱이들이 끊임없이 물이 흘러가는 방향으로 움직이는 것을 볼 수 있다. 모래는 물속에서 잠시도 쉬지 않는다. 비가 많이 와서 물이 불어나고 물살이 세지면 강바닥의 모래가 제일 먼저 쓸려 간다. 김수영의 시 「풀」의 "바람보다도 더 빨리 눕는다/ 바람보다도 더 빨리 울고/ 바람보다 먼저 일어난다"(『김수영 전집』(민음사, 2003))라는 구절처럼 모래는 움직여야 할 때를 알고 물보다도 더 빨리 행동한다. 바닥의 많은 모래가 쓸려 나가고 물이 통과할 수 있는 면적이 늘어나면 더 많은 물을 내보낼 수 있다. 반대로 물의 양이 줄고 유속이 느려지면 물살에 실려 온 모래가 다시 바닥에 가라앉아 파인 강바닥을 메운다. 모래강의 바닥은 이런 식으로 같은 높이를 유지하고 적은 양의 물을 내보낸다. 그러니까 강의 모래는 유량 조절자 역할을 한다.

오경섭 교수가 정리한 모래의 세 가지 역할은 자연의 이치를 조금이나마 아는 사람이라면 누구나 수긍할 만한 내용이다. 강 속에서 이렇게 중요한 기능을 하는 모래를 단기간에 5억 7000만 세제곱미터나 마구잡이로 퍼냈으니 앞으로 어떤 일이 벌어질지는 초등학생이라도 쉽게 짐작할 수 있다. 심각한 수질오염, 지하수 고갈, 홍수 조절 능력 상실, 그리고 예상하지 못한 미지의 재앙이 우리를 기다릴지도 모른다.

모래 위에 마을을 짓고 삶을 꾸리고

저 멀리 펼쳐진 모래의 강은 산과 산 사이를 돌아서 간다. 나무가 울창한 산과 드넓은 모래밭이 함께하는 풍경은 다른 나라에서도 그리 흔하지 않다. 생명의 상징인 푸른 잎사귀, 물기를 빨아올리는 뿌리, 힘차게 뻗은 줄기가 기슭을 뒤덮은 촉촉한 숲의 정경은 삭막한 모래밭과 대척을 이루는 것이 보통이다. 생각해 보라, 사하라사막과 타클라마칸사막의 순례자가 고독한 영혼을 달래며 햇볕에 달궈진 모래의 늪에 발 도장을 찍는 모습을. 그의 마음은 한나절이 채 가기도 전에 야자나무 아래 솟구치는 샘물로 향한다.

모래와 어울리지 않는 것이 숲뿐일까? 사막을 흐르는 강은 어떤가? 그런 경우를 상상하기도 쉽지 않지만, 만약 있다 해도 아주 짧은 순간, 우기에 엄청난 비가 쏟아진 후 강물은 잠깐 꿈틀대다 모래 깊숙이 스며들고 만다. 바람이 불면 지워질 희미한 물결자국만 남긴 채. 모래와 숲, 모래와 물은 서로를 멀리하도록 타고났다. 아프리카의 무지막지한 사막은 강을 삼켜 버리고, 열대우림의 깊고 거친 강은 주변을 휩쓸어 버린다.

하지만 아침 안개가 낮게 깔린 한반도의 모래강을 거닐면, 파인 발자국 안으로 모래가 밤새 머금었던 물기가 샘물처럼 배어 나온다. 이곳에서 모래와 물, 모래와 강은 상극이 아니다. 서로 배척하지도 않고 서로를 잠식하고 소멸하려 들지도 않는다. 숲이 우거진 산이 있고, 산을 끼고 흐르는 강이 있고, 강변에 흐드러지게 퍼진 모래톱이 있다. 그 뒤로 펼쳐진 산과 숲은 전혀 낯설지 않고 서로 잘 어울린다. 강변의 모래밭, 물 위로 드러난 모래의 등, 모래톱은 한반도의 중요한 지형이며 생태적, 문화적으로 생물과 인간에게 모두 소중한 삶의 터전이다.

한반도의 모래는 사막이 아니라 강의 모래다. 비가 많이 오지 않는 갈수기의 강에서는 모래가 주인이다. 부피로 따져 봐도 모래보다 적은 물이 모래 위와 모래 속으로 나눠서 흐른다. 원래 강이 모래를 실어 나르는 게 정상인데 여기서는 모래가 강을 흘려보내는 격이다. 비가 오지 않는데도 모래가 물을 더 많이 품고 있으니 속담처럼 "모래로 물을 막을" 필요도 없다. 모래가 물을 머금고 강의 역할을 나눠 맡는다.

'모래 위로 낸 물의 산책로'라고 할 만한 이 풍경은 한반도에 얼마 남지 않은 모래의 신전이며 곧 유적이 돼 버릴 비운의 장소다. 안타깝게도 모래는 화석을 만들지 못한다. 인간이 그 흐름을 막고 흩어 버리면 그대로 사라질 뿐이다. 흘러내릴 모래의 양이 얼마 남지 않은 모래시계처럼 모래의 강에게 남은 시간, 우리에게 그 아름다운 모습을 보여 주고 순례를 허락하는 시간이 점점 줄어들고 있다. 어쩌면 우리는 그 남아 있는 모래의 강을 마지막으로 목격하고 증언할 마지막 세대일지도 모른다.

모래강 순례를 시작하며

이리저리 떠돌고 변화무쌍한 삶을 인생 유전(流轉)이라 하듯이 흐르는 강도 끊임없이 변한다. 조용히 흐르다가도 때로는 걷잡을 수 없이 넘치고 방향을 바꾸기도 한다. 신화와 전설 속에서 강은 이승과 저승을, 차안과 피안을 가르는 경계다. 수위가 높아져 시퍼런 물결이 강 이편과 저편을 갈라놓는 모습에서 인간은 현세와 내세, 육계(肉界)와 영계(靈界)의 이원론적 상징 세계를 유추해 낸다. 고조선의 애달픈 시가 「공무도하가(公無渡河歌)」에서 술병을 들고 강으로 들어가는 남편 백수광부에게 아내는 강을 건너지 말라고 애원한다.

> 내 님아 물을 건너지 마오   公無渡河
> 임은 기어이 물을 건너셨네   公竟渡河
> 물에 빠져 돌아가시니   墮河而死
> 가신 임을 어이할꼬   當奈公何
>
> — 작자 미상, 「공무도하가」

아내의 슬픈 노랫가락에서 남편을 집어삼킨 깊은 강은 극복할 수 없는 단절이며, 강을 가로질러 건너는 것은 알 수 없는 다른 세계

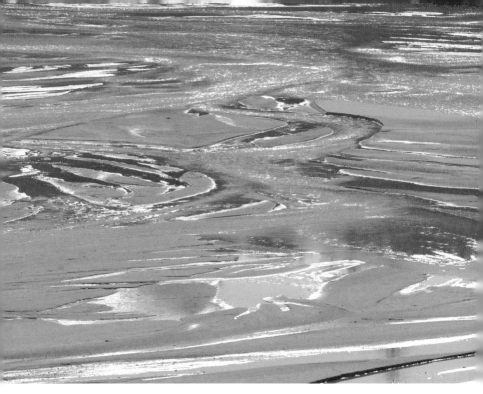

물결의 파동과 널브러진 모래 입자의 대비는 선의 화두를 제공한다.

로의 월경(越境)을 의미한다. 인간은 시퍼런 강물에 대한 두려움을 이기기 위해 현실 세계에서는 튼튼한 다리를 놓거나 배를 띄운다. 영혼과 정신의 차원에서는 초월적인 사유 체계를 고안하거나 믿음의 체계인 종교를 도입한다.

　　그러나 모래의 강에서는 차안과 피안의 구분이 없다. 당신은 강의 흐름 그 자체 속으로 들어간다. 배를 타지 않고, 다리를 건널 필요도 없이, 물보다 더 느린 속도로, 하구로 굴러가는 모래의 속도로 천천히 걸을 수 있다. 속이 훤히 들여다보이는 모래 바닥을 보면서, 신

발을 벗고 새하얀 맨발 위로 찰랑대는 물결을 넘기며, 발
가락 사이로 스쳐 가는 서늘함을 느끼며. 느릿느릿 기어
가는 거대한 뱀의 비늘처럼, 오후의 햇살이 잠시도 가만
히 있지 못하고 꿈틀댄다. 찬란한 물결무늬를 만들며.

지금 독자가 서 있는 곳은 얼마 남지 않은 모래의
성지, 모래의 풍경을 처음 대면하고 놀라워하는 우리를
초대하는 순례지이다. 차에서 내리면 누구나 처음에는 내
려가 볼까 말까 망설인다. 신발에 모래가 가득 들어찰 수
도 있고 양말이 젖을 수도 있다. 하지만 물길은 깊지 않
고 충분히 헤치며 걸을 수 있는 정도다. 강 가장자리의
모래는 바짝 말라 있다. 투박한 알갱이는 바닷가의 고운
백사장처럼 매끈하지도 눈부시게 반짝이지도 않는다. 작
은 물길이 어지럽게 나 있는 한가운데에서도 강물은 겨
우 정강이를 적신다. 갈수기의 모래강에서는 굳이 배를
띄우지 않아도 통나무로 기둥을 박고 널빤지로 발판을
얹은 다리 하나만 있으면 강 건너편을 왕래하는 데 불편함이 없었다.
큰 강에서도 배의 바닥이 모래펄에 얹힐 정도로 수심이 얕아지면 사
람들이 바지를 걷어 올리고 걸어서 물살을 갈랐다.

자연스럽고 심오한 선(禪)의 향연

다리 위에서, 강변에 앉아서, 모래와 물살이 조응하며 만들어
내는 수만 가지 형상을 보면서 명상에 잠겨도 좋다. 한반도의 다른

어떤 곳에서도 이곳만큼 선(禪)의 이미지가 풍부하고 그 정신이 구현된 풍경을 찾기가 힘들다. 끊임없는 물결의 파동과 천연덕스레 널브러진 입자의 대비는 절로 선의 화두를 제공한다. 강물이 실어 온 모래가 두껍게 쌓여 그 위로 물을 이고 가는 주객전도의 역설은 죽비로 등을 맞았을 때처럼 번쩍 정신을 들게 한다. 물과 모래가 빚어내는 시시각각의 변화무쌍함, 인간이 무한 속에서 건진 찰나와 순간의 의미를 잠시나마 고정하려는 애절함, 이 모든 것들은 물이 한번 휩쓸고 가면 사라진다.

모래강이 품고 있는 선의 기운은 다른 양상의 매체들과 연결된다. 일본 선불교의 수도승은 가레산스이(枯山水)라는 인공 풍경을 보면서 명상을 한다. '메마른, 삭막한 풍경'이라는 뜻의 이 수행 방식에서는 바위, 자갈, 모래로 만든 정원이 명상의 화두가 된다. 수도자는 소박하지만 제 나름의 구조와 질서를 가진 정원을 보면서 마음을 다스리고 평정을 찾는다. 일본의 대표적인 가레산스이 정원은 유네스코 세계 문화유산으로 등재된 교토의 유명한 선종 사찰 료안지(竜安寺)에 있다. 군더더기 없이 광물질과 바위에 긴 이끼로 이루어진 인공 자연은 숨을 멎게 하는 단순한 아름다움을 지녔

일본 교토 료안지 가레산스이 정원
© Stephane D'Alu

다. 바닥에 깔린 잔돌과 모래 입자에는 파동과 흐름을 상징하는 원과 직선 자국을 갈퀴로 긁어서 남겨 놓았다. 선승은 각도에 따라 다양한 모습으로 보이는 정원을 앞에 두고 자신의 마음속에 맺힐 진정한 상이 무엇인지를 깨닫는다.

물과 모래가 어우러진 모래내의 바닥은 가레산스이보다 훨씬 자연스럽고 심오한 선의 공간이다. 무수한 별이 깔려 있고 기(氣)가 흐르는 이곳은 우주와 세계와 마음의 축소판이다. 우리는 모래내에서 삶과 존재의 의미가 무엇인지 생각의 물결을 펼칠 수 있다. 시퍼런 강물의 힘줄기만 있다면 비장한 상념이 욱하고 솟겠지만, 펑퍼짐한 모래의 천성이 균형을 잡아 준다. 단절 없는 물의 흐름에 마음을 싣고, 무한한 모래 알갱이 하나하나에 의식을 분산시켜 빈 속, 허공을 만들어 보라. 모래강의 풍경(Land-Scape)이 마음의 풍경(Mind-Scape)으로 변하는 과정을 체험할 수 있을 것이다.

다행히도 아직 한반도에는 이루 말할 수 없을 정도로 아름다운 모래의 풍경이 몇몇 남아 있다. 앞에서 예를 든 모래강 내성천은 경북 봉화군, 영주시, 예천군을 흘러간다. 경북 봉화군과 안동시의 낙동강 상류, 경북 김천시와 구미시를 지나는 감천, 경북 고령군과 합천군의 경계를 이루는 회천 하류, 전북 무주군의 금강 상류, 전남 구례군과 광양시, 경남 하동군의 경계를 이루는 섬진강 등지에 조금 남아 있는 모래톱이 우리의 순례 후보지가 될 것이다.

모래강을 즐기고 느끼려면 직접 걸어 보는 것이 가장 좋다.

모래강의 풍경이 마음의 풍경으로

모래강 순례, 모랫길을 따라 걷는 것은 어떤 이에게는 오아시스 근처의 사막을 여행하는 느낌을 줄지도 모른다. 또 어떤 이에게는 파도를 소거한 바닷가의 한 자락을 거니는 느낌을 줄 수도 있다. 아니면 어릴 때 친구들과 씨름을 하며 뒹굴던 운동장, 모래로 소꿉장난을 하던 냇가의 한구석 같은 느낌으로 다가오기도 한다. 각자 나름대로 모래강을 맞이하면 된다.

모래강을 즐기고 느끼는 방식에는 여러 가지가 있겠지만 모래와 물을 발아래로 함께 느끼며 직접 걸어 보는 것이 가장 좋다. 바싹 마른 강변 모래와 찰랑찰랑 물결이 치는 모래 바닥을 잠시 동안 걸어 보자. 평평한 강바닥 위를 등을 안마하는 느낌으로 밟자. 내성천은 1급수 판정을 받을 정도로 물이 깨끗해서 별 걱정 없이 발을 적셔도 된다. 바닷가 백사장을 걷는 것처럼 편안한 마음으로 물길을 따라 발길을 옮기면 된다. 모래의 등 위로 갈라지는 물길이 워낙 복잡하므로 여러 번 얕은 물을 건너기도 한다. 신발을 적시고 싶지 않으면 무릎까지 올라오는 장화를 준비하면 좋다. 모랫길만으로 걷기가 부담스러우면 모래 위와 강둑, 제방 위를 번갈아 가며 걸으면 된다.

안전을 위해서 반드시 비가 오지 않는 봄가을 건조기에 육안으로 모래가 드러난 모습을 확인하고 걸어야 한다. 비가 많이 온 후 물이 불어나 모래를 깊이 덮고 있을 때에는 특히 조심해야 한다. 물이 맑아서 모래 바닥이 훤히 들여다보여도 수심을 가늠하기 힘든 경우가 있다. 이럴 때는 안전이 최우선. 아쉽지만 강둑을 따라 걸으며 모래의 강을 감상하자. 우리 강을 사랑하는 여러 인터넷 카페 모임에서 봄가을로 모래강 걷기 순례단을 모집하니 단체로 참여해도 좋다.

걷다 보면 수달의 발자국과 똥, 고라니와 너구리가 물을 마시러 내려왔다 남긴 흔적을 만날 수 있다. 눈썰미가 좋으면 모래밭에서 사는 곤충인 참길앞잡이, 깔때기 모양 함정인 개미지옥을 만들고 먹이를 기다리는 개미귀신을 발견할 수도 있다.

물굽이가 휘돌아 가는 부드러운 모퉁이에서 그림 같은 마을을 만나기도 한다. 강이 돌아가는 곳이라는 뜻의 하회(河回, 경북 안동시 풍천면), 물결이 돌아가는 곳이라 파회(波回, 경북 영주시 단산면 사천2리), 휘

돌아 가는 물 안에 섬처럼 자리 잡았다 해서 무섬(경북 영주시 문수면 수
도리), 물 앞쪽에 있다 해서 앞섬, 뒤쪽에 있어서 뒷섬, 냇물이 돌아가
는 곳이라 내도리(전북 무주군 무주읍) 등 정겨운 지명과 인심이 남아 있
는 곳이 많다.

선비들이 공부하고 토론을 하던 서원, 안빈낙도와 음풍농월의
현장인 정자에서 잠시 쉬어 가도 된다. 경상도 곳곳의 서원은 모래의
강을 내려다보는 곳에 자리를 잡았다. 도산, 병산, 도동, 도남, 도정 등
이름만 대면 알 만한 서원들이 모래의 강을 마주하고 있다. 낙향한,
정권에서 소외된, 스스로 침잠의 학문을 택한 선비들의 정신세계는
흐르는 모래의 강을 보면서 더욱 깊어졌다.

비가 많이 내린 후나, 바닥 모래톱에 접근하기 힘들 때에는 강
둑이나 제방 위를 천천히 걸어가는 편이 좋다. 걷잡을 수 없는 강의
발작에 대비해 인간은 수로 가장자리에 둑을 쌓았다. 강보다 높게 올
린 자연과 인간의 경계, 방죽 위로 사람이 다니는 길이 난다. 둑 안쪽
과 바깥쪽으로 자연과 인간이 구분되지만 모래의 강에서 둘은 서로
적대적이지도, 배척하지도 않는다. 신발을 벗고 내려서면 맨발을 부드
럽게 감싸며 받아 주는 모래톱이 두 세계를 평화롭게 연결해 준다.

마을을 감싸 흐르는 물굽이에 펼쳐진 모래톱 마을에서 하룻밤
민박을 하면서 느긋하게 즐기는 방법도 있다. 낙동강 상류의 안동시
하회 마을, 내성천에 자리 잡은 영주시 문수면 수도리 무섬 마을, 예
천군 풍양면 회룡포 마을은 하룻밤 묵어갈 만한 충분한 가치가 있는
곳이다.

걸을 자신이 없으면 다리 위에 서서, 마른 모래톱에 앉아서 물

모래로 소꿉장난을 하던 어린 시절의 기억이 누구에게나 있을 것이다.

과 모래가 서로 희롱하며 흘러가는 모습을 조용히 내려다보는 방법도 있다. 강의 상류부터 하류까지 제 나름의 특색과 풍경을 가진 다리들이 많다. 강과 나란히 놓인 철로를 따라 기차를 타고 달려도 좋다.

모래는 그 알갱이만큼 많은 비유와 의미를 낳는다. 본격적인 순례를 떠나기 전에 먼저 모래에게 말을 걸어 보자. 모래는 인간세계에서 보면 미물 축에도 못 끼고 무시해도 좋을 만큼 하찮은 존재다. 알갱이 하나만 보면 공기 중에 떠도는 먼지처럼 거의 무(無)에 가까운 물체다. 하지만 어느 순간 갑자기 우리에게 깨달음을 주는 특이한 존재이기도 하다. 모래로부터 두 번째 이야기를 시작한다.

낙동강의 가장 큰 지류인 내성천은 소백산맥 남쪽 기슭인 경상북도 봉화군 옥석산 일대에서 발원하여 영주시, 예천군을 거쳐 낙동강에 합류한다. 경북 북부의 내륙 산악 지대를 관통하는 길이 110킬로미터, 유역 면적 약 1800제곱미터인 큰 하천으로, 오랜 세월 주변의 화강암 지형을 침식하며 흘러 중하류 유역에 농사가 잘되는 마사토(화강암이 풍화되어 생성된 흙) 성분의 충적평야를 선사한 강이다. 내성천은 모래의 강답게 봉화읍을 지나면서 모래의 양이 급격히 많아지는데 강수량이 적은 계절에는 강바닥이 온통 모래 천지다. 내성천에 모래가 워낙 많이 퇴적돼 있어 어떤 이는 낙동강 모래의 상당량이 내성천이 합류하며 보태 준 것이라고까지 한다. 한국수자원공사의 추정에 따르면 내성천에는 연간 78만 제곱미터의 모래가 쌓인다. 영주시와 예천군에서는 그중에서 매년 약 30~50만 제곱미터를 골재로 채취한다. 어찌나 모래가 많은지 예전에 골재를 채취하기 위해 강바닥을 파 내려 갔을 때 8~13미터 깊이까지 모래가 쌓여 있었다고 한다.

내성천은 조선 시대에도 모래가 많아 사천(沙川)으로 불렸다. 『신증동국여지승람』 25권 영천군(榮川郡. 당시에는 영주를 영천으로 불렀다. 현재 경상북도 영천(永川)군과는 다르다.) 편의 산천란에는 "사천: 군의 동쪽 15리에 있으며 봉화현의 물야계(勿也溪)에서 흘러온다."라고 기록돼 있다. 현재

내성천 항공사진

의 위성지도에서 내성천을 찾아보면 영주시 동쪽 5킬로미터 정도에 위치하고 있으므로 사천이 곧 지금의 내성천임을 알 수 있다.

같은 책 24권 예천군 편에도 사천(沙川)이라는 이름이 등장한다. "사천(沙川): 군의 동쪽 14리에 있다. 영천군 임천(臨川)의 하류이다." 임천은 현재 영주시를 관통하고 흐르는 서천을 말한다. 위성지도로 확인해 보면 정확히 동쪽 14리 지점에 내성천이 허연 모래톱을 드러낸 채 흐르고 있다. 서천은 문수면 수도리 부근에서 내성천에 합류한다. 책의 편자는 그래서 사천을 임천의 하류로 본 것이다.

조선 시대의 사천, 모래내는 언제부터 내성천으로 바뀌어 불렸을까? 내성천의 발원지인 경북 봉화군은 조선 시대에는 안동부 밑의 내성현(乃城縣)이었고 그전에도 한자가 다른 내성(奈城) 등으로 불렸다. 『택리지』에서는 청암정(현재 봉화군 봉화읍 유곡리 소재)이 있는 고을을 내성촌(奈城村)으로 적고 있다. '내성천'이라는 이름을 확인할 수 있는 가장 오래된 기록은 1924년 8월 1일 자 「봉화군의 수해, 내성천(乃城川)의 범람으로」라는 《동아일보》 기사이다. 1936년 12월 22일 자 《매일신보》에도 「내성천 제방 다시 보강 공사 실시」 기사가 실린 것으로 보아 일제강점기 때 행정구역을 개편하면서 내성천으로 바꿔 불렀던 모양이다.

여러 갈래의 물길

1 낯선 풍경으로 떠나는 순례

2   모래의 책

모래 알갱이 하나에서 세계를 보고

들꽃 한 송이에서 천국을 본다

당신의 손바닥 안에 무한을

한 시간 속에 영원을 거머쥐어라

— 윌리엄 블레이크, 「순수의 징조」 중에서

아르헨티나 소설가 보르헤스는 단편소설 「모래의 책」에서 손에 쥐자마자 흩어질 것 같은 기이한 책 이야기를 꺼낸다. 어느 날 인도 북부에서 왔다고 자신을 소개하는 한 노인이 보르헤스에게 낡고 오래된 책 한 권을 팔러 온다. 호기심 가득한 손으로 그 책의 중간쯤을 들추자 이상한 삽화와 글씨가 눈을 사로잡는다. 아주 두꺼운 책인지 쪽 번호가 40514로 매겨진 면이 있는데 바로 다음 장을 넘기면 엉뚱하게도 999쪽이 나온다. 현실 세계에선 존재할 수 없는 책을 보며 작가는 당황한다. 일관된 순서도, 처음과 끝도 없으며, 펼칠 때마다 새로운 면이 튀어나오는 무한한 면을 가진 책. 처음과 끝이 없는 모래와 닮았기에 붙은 이름 '모래의 책'.

무한의 굴레, 모래

모래는 밤하늘의 별과 함께, 우리가 어릴 때 물건 세는 법을 배우면서 주변에서 흔히 접하는, 헤아릴 수 없을 정도로 많은 수를 대표하는 광물질이다. 누구나 한 번쯤 학교 운동장의 모래밭, 해변의 백사장에서 모래를 한 움큼 쥐어 손바닥 위에 올려놓고 "와! 무슨 알갱이가 이리 많아." 하면서 세어 볼 엄두도 내지 못했던 경험을 해 봤을 것이다.

다큐멘터리나 사진에서 본 사막의 모래는 지평선을 삼키며 끝없이 펼쳐진 풍경의 막막함을 상징한다. 게다가 대양의 거센 물결처럼 모래 폭풍이 멈출 줄 모르고 몰아닥치는 장면은 인간의 덧없음을 일깨워 주는 무한과 영원의 채찍질같이 여겨졌다. 무방비한 여린 살갗에 쏟아져 산산이 흩어지는, 따가운 바늘 끝 군단.

헤아리기 힘든 모래의 무한성은 동서양을 가리지 않고 사유와 비유에 나타난다. 불교의 『금강경』, 『유마경』 등 여러 경전에서 모래는 많은 수를 나타낼 때 쓰인다. 석가모니는 제자들과의 문답에서 모래라는 무한을 뛰어넘는 무한, 무한 속에 또 다른 무한의 고리를 만든다. 석가모니의 설법을 듣고 나면 옹색하고 편협한 인간의 상상력은 주눅이 든다.

"수보리야, 항하(恒河, 갠지스 강)에 있는 모래 수만큼의 항하가 있다면 그 모든 항하에 있는 모래 수가 많다고 하겠느냐?"

"매우 많습니다. 세존이시여. 여러 항하만 하여도 무수하온데 하물며 그 모래야 말할 나위가 있겠습니까?"

— 『금강경』 11장 '무위의 복덕이 으뜸이다(無爲福勝分)' 중에서

『구약성경』에서도 모래는 어김없이 많은 수를 상징할 때 쓰인다. 「시편」에서는 절대자가 품은 사유의 무변함을 모래알에 비유한다. 유한자인 인간의 잣대로 신의 뜻, 그 전모를 파악하기란 부질없는 짓

2 모래의 책

이다.

하느님, 주의 생각은 제게 또 어찌 그리 귀하고, 그 모두를 합치면
   얼마나 광대한지요.
제가 세어 보려고 할지라도 모래알보다도 많습니다.
   ——『구약성경』, 「시편」 139장(21st Century King James Version) 중에서

모래는 무수, 무량, 무궁무진을 상징한다. 공사장과 백사장에
쌓인, 알갱이 하나하나의 집합으로서의 모래 무더기와 모래밭은 유한
해 보인다. 시간이 걸리더라도 세다 보면 그 끝을 알 수 있을 성싶다.
그럴 여유가 충분히 있다면 말이다. 작은 찻숟갈로 한 번 퍼 올린 양
은 모래 알갱이 크기에 따라 수천 개가 넘을 수도 있다. 누가 그것을
세고 앉아 있을까?

중미 카리브 해에는 모래에 관한 재미있는 전설이 있다. 열대
섬의 숲에는 '수쿠양(Soucouyant)' 또는 '루가루(Loogaroo)'라는 흡혈귀가
사는데 밤에 불똥처럼 날아다니며 집에 침입해 잠자는 사람의 피를
빨아 먹는다고 한다. 흡혈귀의 침입을 막으려면 모래 더미를 집 앞에
한 무더기 쌓아 놓아야 한다. 이 흡혈귀는 특이하게도 숫자를 세야
한다는 강박관념이 있어서 모래의 개수를 알아야 직성이 풀린다고.
그것을 다 세고 있는 동안 어느덧 날이 밝고 흡혈귀는 숲으로 돌아가
야 한다.

아무리 귀신이나 영적인 능력이 있는 사람이라도 땅 위의 모
래가 모두 몇 개인지 알기는 쉽지 않다. 그 수가 유한하다고 믿고 세

는 동안 모래는 스스로 분열하거나, 수많은 암석들이 부서져 다시 새로운 모래를 무수히 만들기 때문이다. 끊임없이 생성되고 스스로 나뉘는 것은 무한하다. 아무리 전지전능한 존재일지라도 결코 그 정확한 수치를 헤아릴 수 없다. 물론 모래의 개수를 세려고 도전한 사람이 없지는 않았다. 인간의 호기심은 무엇도 그대로 두지 않는 법. 부력의 원리를 발견하고 "유레카!"를 외친 고대 그리스의 수학자, 물리학자, 공학자였던 아르키메데스는 우주를 채울 수 있는 모래알 개수를 추정하려 했다. 그가 계산한 우주는 지름이 2광년 정도였다. 아르키메데스는 그 안을 가득 채우려면 모래 알갱이 10^{63}개가 필요하다고 결론을 내렸다. 10^{63}은 유한한 수처럼 보이지만 수의 개념적인 끝일 뿐, 사실상 그 어디에도 존재하지 않는 무한이다. 1미터 길이의 유한한 직선도 그 선상의 무한한 점들로 나뉘는 것처럼 유한한 모래도 그 안에서 끊임없이 분열한다. 그래서 모래의 책은 시작도 끝도 없이 무한하다.

화강암, 한반도 모래의 어머니

모래 알갱이 하나하나는 눈송이 입자처럼 전부 다르게 생겼고 똑같은 것이 하나도 없다. 현미경으로 자세히 들여다보면 크기와 모양이 그야말로 천차만별이다. 강 상류의 모래일수록 입자가 거칠고 제각각이다. 울퉁불퉁한 표면에 삐죽한 모서리가 이리저리 나 있다. 손으로 한 움큼 움켜쥐면 강바닥의 투박한 손과 악수하는 느낌이다. 힘을 세게 주면 까끌까끌하다 못해 살갗이 찢길 것처럼 아프기까지

하다.

　반면 바닷가 백사장의 모래는 곱디곱다. 알도 자디잘고 매끄럽다. 약한 피부에 문지르면 간지러울 정도로 부드럽다. 강 하구를 거쳐 바다로 들어가 오랜 세월 파도에 부딪히며 닳고 닳아 동글동글해진 것이다. 세월의 손길에 깎여 몸뚱이가 매끈해졌고 불투명한 군더더기 살들은 짠 물 속에 녹아 버렸다. 강모래가 짙고 거무튀튀한 색인 데 반해 바닷모래는 밝고 투명해서 반짝이기까지 한다. 손바닥에 한 줌 올려놓으면 무엇이 부끄러운지 손가락 틈으로 스르르 흘러내린다. 그런데 이 모래들은 대체 어디서 어떻게 생겨난 것일까?

　모래가 처음부터 이렇게 작고 무수한 존재였던 것은 아니다. 모래는 자신보다 훨씬 큰 암석에서 나온다. 갈라지고 부서지고 쪼개지면서. 그렇다고 모든 암석에서 모래가 생기는 것도 아니다. 지질학, 광물학에선 생성 방식에 따라 암석을 퇴적암, 변성암, 화성암 세 종류로 나눈다. 땅속의 뜨거운 마그마가 식어서 생긴 화성암, 그중에서도 깊은 땅속, 압력이 높은 곳에서 천천히 식으면서 만들어진 화강암이 풍화하여 모래가 된다.

　화강암은 보통 땅속 깊은 곳의 뜨거운 마그마가 지각을 이루는 다른 암석의 틈을 뚫고 끼어들어 식으면서 생긴 암석이다. 화강암을 자세히 들여다보면 나중에 모래로 탈바꿈할 검거나 흰 다양한 광물 결정들이 촘촘히 맞물려 있음을 볼 수 있다.

　화강암을 영어로는 Granite이라 하는데 작은 알갱이라는 뜻의 Granule과 어원이 같다. 두 단어 모두 라틴어의 Granum(알갱이)에서 나온 말인데, 고대 로마인들도 화강암이 모래로 잘게 쪼개진다는 것을 알았던 모양이다. 한자 문화권에서 그것을 화강암이라 부르게 된 데에는 두 가지 설이 있다. 중국 남부(광둥 성으로 추정)의 화강(花崗)이라는 지역에서 많이 나오기 때문에 화강암이 됐다는 설, 다른 하나는 일본 학자들이 Granite을 번역하면서 맞물린 입자들의 무늬가 꽃처럼 아름답고 단단하다 해서 화강암이라 불렀다는 설이다.

한반도의 화강암은 중생대(지금부터 약 2억 4500만~6500만 년 전)에 많이 생성됐는데 주로 중부지방 북동쪽 강원도 삼척에서부터 시작해 충청북도 옥천을 지나 전라남도 목포까지 가로지르는 옥천대를 따라 분포한다. 그 밖에도 낙동강 유역에 해당하는 경상 분지 및 영남 지대에서도 화강암을 많이 찾아볼 수 있다.

그러면 얼마나 오랜 시간이 지나야 화강암이 잘게 부서져 모래가 될까? 거대한 바위는 모진 세월의 풍상을 견뎌 내는 꿋꿋함의 상징으로 쓰이곤 한다. 하지만 아무리 단단한 바위도 영원의 시간을 버티기란 쉽지 않다. 불교에서는 바위의 단단함, 지속성을 들어 역설적으로 영겁을 표현한다. 1겁(劫)이란 사방 10킬로미터나 되는 커다란 바위를 천 년에 한 번씩 흰 천으로 닦아서 닳아 없어질 때까지 걸리는 시간을 말한다.(『잡아함경(雜阿含經)』 34권) 상상조차 할 수 없는, 어마어마하게 긴 시간이다.

화강암이 모래가 되기까지 걸리는 시간은 1겁처럼 길지는 않다. 풍화란 암석이 압력, 바람, 햇빛, 물, 생물체 등에 의해 잘게 부서져 알갱이가 되는 과정을 말한다. 화강암은 보통 두 가지 방식으로 풍화한다. 화강암의 구성 성분이 오랜 세월 공기나 빗물을 통해 다른 외부 물질과 접하면서 화학작용을 일으키는 경우가 있다. 다른 하나는

화강암이 풍화되고 있는 산비탈

화강암이 큰 물체에 눌려서 깨지거나, 틈으로 스며든 물이 동결되고 해빙하기를 반복하며 압력을 가해 쪼개지거나, 벌어진 틈으로 식물의 뿌리가 자라 부서지는 등 기계적 작용을 통하는 경우다. 어미돌인 화강암은 갈라지고 쪼개지면서 모래를 쏟아 낸다.

도시에서는 찾아보기 힘들지만 교외로 조금만 나가면 암석의 풍화 현장을 어렵지 않게 찾을 수 있다. 지방에 새로 생긴 도로 옆의 깎여 나간 산비탈이 가장 좋은 후보지다. 화강암이 많이 분포하는 경북 북부에서는 커다란 암석이 풍화한 잔해가 산더미처럼 쌓여 있는 것을 자주 볼 수 있다. 여기저기 금이 간 오래된 암석 틈 사이로 산화해서 붉은색이 감도는 흙더미가 흘러내린다. 그것을 조금만 파 보면 흙 속으로 허연 화강암이 드러난다. 이곳의 화강암은 손에 힘을 주면 뜯어 낼 수 있을 정도로 푸석하고 무른 상태다.

흩어지면 불안하고 뭉치면 편안한 모래

'모래'라는 사물의 입장에서 볼 때, 낱알로 흩어져 있으면 그 존재를 과시하기가 쉽지 않다. 혼자서는 눈에 잘 띄지도 않고 아무런 힘을 발휘할 수도 없다. 지상에 머무는 동안 모래는 늘 서로 몸을 맞대고 큰 무더기를 이룬다. 모래의 응집력이 어떤 물리적 특성에 의한 것인지는 알 수 없다. 세상에 한 알씩 여기저기 흩어져 있는 모래 알갱이들이 외로움을 타지는 않겠지만, 모래는 한데 모여 있어야 보기가 좋고 무더기를 이뤄야 힘과 존재의 의미를 갖는다.

인간의 관점에서도 마찬가지다. 낱개로 흩어져 있는 모래는 눈에 띄지도 않을 뿐더러 꿍꿍이를 품고 우리를 괴롭힐 수도 있는 불안의 근원이 된다. 우리는 부드럽고 푹신한 해수욕장 모래밭을 좋아하지만 몸에 모래가 따로따로 달라붙는 것은 싫어한다. 봄철에 하늘로 비산하는 황사 알갱이들이 어쩌다 눈이나 입 속으로 들어오면 불편해진다. 반면 군집한 모래는 학교 운동장에서 아이들의 발밑을 푹신

내성천 하류의 백로

하게 받쳐 주고, 해수욕장에서는 느긋하고 편안한 분위기를 만들어 준다. 비치파라솔이 꽂혀 있는 반짝이는 모래의 집합, 백사장이 없다면 열대의 바닷가는 낙원의 상징으로 등장하지 못할 것이다.

우리는 모래알 하나하나를 상대하기도, 모래의 전체 규모를 상상하기도 힘들다. 개별적인 하나를 상정하는 순간 '무한'이라는 골칫거리가 엄습하기 때문이다. 그래서일까, 인간의 개념과 언어는 모래를 줌, 움큼, 더미, 무지, 무더기, 톱, 펄, 산 등의 군집으로 인식한다.

모래의 군집 중 가장 광대하고 인간을 압도하는 것이 바로 사막이다. 연평균 강우량이 125밀리미터 이하인 건조 지대를 보통 사막이라 하는데, 연평균 강우량이 50밀리미터를 넘지 못하는 곳을 절대 사막으로 따로 분류하기도 한다. 사막은 그것이 위치해 있는 대륙, 걸쳐 있는 위도에 따라 모습이 다르다. 모래 천지인 에르그(Erg)가 있는가 하면 자갈로만 이뤄진 레그(Reg), 암반이 노출된 산악 지대인 하마다(Hamada)도 있다. 우리에겐 뜨거운 모래언덕이 거대한 파도처럼 끝없이 이어지고 눈을 뜨지 못할 정도로 바람이 거세게 부는 사막이 익숙하지만, 모래로만 뒤덮여 있는 곳은 전 세계 사막의 20퍼센트 정도밖에 안 된다. 그럼에도 사막은 우리 의식 속에 그 한자어 砂漠(사막)처럼 모래가 아득하게 쌓인 곳으로 남아 있다.

사막은 생명체가 살기에는 매우 힘든 환경이다. 오랜 기간 물을 마시지 않고 버틸 수 있는 작은 설치류나 파충류만이 건조기후에 적응해 살아남았다. 인간과 낙타처럼 큰 포유류는 물이 있는 오아시스 주변에서만 산다. 식물도 물을 찾으려고 뿌리를 땅속 수십 미터 깊이까지 내리고 수분 증발을 막기 위해 딱딱한 껍데기와 가시로 무장한

아라비아반도의 사막

다. 인간도 사막을 건너려면 낙타에 물을 싣고 모래알처럼 무리 지어
다녀야 목숨을 잃지 않는다.

사막은 죽음과 가장 가까운 곳이면서 동시에 깨달음의 장소이
다. 까마득하게 펼쳐진 무한한 모래는 신비한 종교 체험을 하는 터전
이다. 중동과 북아프리카의 사막은 유대교, 기독교, 이슬람교의 신이
인간에게 자신의 뜻을 전하는 계시의 장소로 자주 등장한다. 악마의
유혹, 세속적인 욕망을 이기고 절대자의 근원으로 회귀하려는 은둔
자들도 사막에서 깨달음을 얻는다. 사막의 시련은 구원받기 위해 거
쳐야 하는 관문이고 이를 통과함으로써 구도자는 세속의 허물을 벗
고 깨끗해진다. "그들의 영혼은 어떻게도 묘사할 수 없는 사막으로

2 모래의 책

침잠했다."(수피교 시인 루미, 「마스나비」 395절) 사막으로 들어간 이는 이전의 자신을 죽이고 새로운 존재로 태어난다. 그곳에는 죽음과 함께 깨달음과 정화의 모래 폭풍이 휘몰아친다.

무정형(無定形)의 소멸

사막에 매료돼 같은 제목의 소설을 쓴 르 클레지오는 에세이 『하늘빛 사람들』(이세욱 옮김, 문학동네, 2001)에서 "사막은 여전히 가장 접근하기 어렵고 가장 신비로운 땅이다. 사막의 신비는 눈에 보이는 그 자연 속에 있기보다 그 마력에, 인간의 이해를 초월하는 그 절대적인 비환원성에 있다."라고 말한다. 그가 말하는 사막의 마력, 비환원성이란 무엇일까?

그 어떤 것으로도 파악하고 대치할 수 없는 궁극의 무언가가 지배하는 땅 사막, 그곳에는 길이 없다. 위아래로 나무가 빽빽하게 들어서 있고 잔가지들이 좌우를 가로막는 숲 속과 달리, 사막의 모래 위에서는 어디로든 향할 수 있지만 그 수많은 길은 결국 어디로도 연결되지 않는다. 단지 삭막한 죽음과 절대 고독만이 기다리고 있을 뿐. 그래서 르 클레지오는 "그 어디에서나 길이 나면 고독이 짓밟힌다."라고 선언한다. 사막은 고독이 뿌리 뽑히지 않고 모래의 군집처럼 웅크린 채 도사리고 있는, 유일한 곳이다.

모래 한 알은 하나의 점, 모래 더미는 수많은 점들이 뒤엉키고 뭉쳐 있는 뭉텅이이다. 이 점과 점을 잇는 선은 무의미하다. 모래알 사이에는 틈이 있지만 선은 존재하지 않는다. 어제도 내일도 없는 단절,

모래는 항상 군집해 있다.

알갱이들은 같은 공간에 있지만 서로에게 닫혀 있고 연결될 수도 없으며 그것을 원하지도 않는다. 모래로 이루어진 해변이나 사막에서도 그것은 마찬가지이며, 같은 양상이 나타난다. 모래 위에는 어떤 장애물도 없기에 그 위를 걸어서 어디로든 갈 수 있지만, 모래는 결코 깊게 파인 길을 허락하지 않는다. 어떤 방향으로든 길을 선택할 수 있지만 그 모든 길은 아주 짧은 시간 동안만 존재한다. 모래는 고정된 깊이, 불변의 파임과 새김을 허용하지 않는다. 이내 바람이나 물을 불러와 그 흔적을 지워 버린다. 모래는 몸속의 흔적을, 기억을 오래 담아두지 않는다. 잉태를 거부하는 자궁처럼 불모(不毛)를 고집한다.

모래는 그 자체로 죽음과 소멸을 상징한다. 거대한 바위가 나뉘

2 모래의 책

고 쪼개지고 부서지고 닳아서 만들어진, 결국 바람에 날릴 한낱 먼지. 물속에 녹아들어 미세한 광물질이 되기 전, 최후의, 최소한의 가시적인 존재 형식. 모래는 우리가 눈으로 확인할 수 있는 광물질 순환의 마지막 단계에 있는 실체다. 사하라사막이나 아라비아사막의 거대한 모래 군집도 언젠가는 더 잘게 부서져 먼지 회오리와 폭풍으로 산지사방으로 흩어질 것이다. 그 자리를 또 다른 바위의 사체가 채우면서 대자연의 순환 고리가 이어진다. 모래의 총량은 줄어들지 않으면서 계속 위아래가 저절로 뒤집히는 모래시계처럼.

8세기에 가톨릭 수도사가 발명했다고 알려진 모래시계는 위아래 깔때기 모양의 유리병이 작은 구멍으로 연결돼 있는 구조다. 한쪽 병 안에 모래를 채워 넣으면 중력에 의해 모래 알갱이가 아래쪽으로 떨어진다. 한 번에 좁은 병목을 통과할 수 있는 모래 알갱이의 수가 제한돼 있으므로 모래가 전부 아래로 떨어지는 데에는 항상 일정한 시간이 걸린다. 태엽과 톱니바퀴를 이용한 근대적인 시계가 등장하기 전까지 중세 유럽에서 모래시계는 가장 인기 있고 신뢰할 만한 시간 측정 도구였다.

1592년 마젤란이 세계 일주 항해를 할 때 그의 배에는 모래시계가 18개 실려 있었다. 물과 같은 액체를 이용한 시계는 온도에 따라 쉽게 팽창하고 수축하기 때문에 정확하게 시간을 재기가 힘들었다. 고체인 모래는 심한 온도 차이에도 모양이 변하지 않아 믿을 만했다. 모래시계는 특히 먼바다를 항해하는 뱃사람들에게 인기가 있었다. 선체가 늘 파도에 흔들려도 모래 알갱이들은 그 영향을 받지 않았고 오차 없이 정확하게 시간을 측정해 주었다.

덧없이 쏟아지는 모래의 시간은 유한한 공간 속에 유한한 모래 알갱이들을 가둬 놓고 유한한 폭의 병목을 통과할 기회를 주어야 성립할 수 있다. 그러나 모래시계로는 해시계처럼 긴 시간을 한 번에 측정하기가 힘들다. 특성상 모래알이 다 떨어지면 다시 뒤집어 주고, 그 짧은 시간을 단위 삼아 더해 나가야 한다. 하루라는 인간의 생활 주기에 맞추려면 모래시계를 훨씬 더 크게 만들어서 오랫동안 뒤집지 않도록 해야 한다. 모래시계로 시간을 재는 행위는 짧게 단절된 알갱이가 무한히 반복되는 모래의 양태를 닮았다.

내 한 몸 의탁한 이 세상은 한 줌 모래 같을 뿐

여름에 해변을 찾은 연인들에게 모래 위에 사랑의 맹세를 쓰지 말라는 말을 농담 삼아 하곤 한다. 폴란드 시인 비스와바 심보르스카가 말했듯이 "삶이란 모래 위의 손톱이 남긴 생채기처럼 짧고 덧없는 것."이기에. 아무리 백사장 깊숙이 막대기로 새겨 써도, 모래 위 사랑의 맹세는 파도와 바람에 쓸려 얼마 못 가 사라져 버린다. "삶이라는 흐름에서 황금빛 순간은 빨리 스쳐 지나가 버리고, 우리는 단지 모래 더미만을 볼 뿐이다."(영국 작가 조지 엘리엇)

수많은 시구와 문학적 표현은 모래의 쓸모없음을 암시한다. 중국 북송의 문인 소동파는 「남가자(南歌子)」라는 시에서 "세월은 덧없이 흘러 중추절 지나고/ 쓸쓸히 양쪽 귀밑털 허옇게 셌네/ 내 한 몸 의탁한 이 세상은 한 줌 모래 같을 뿐(苒苒中秋過 蕭蕭兩鬢華 寓身此世一塵砂)"이라고 한탄했다.

모래는 무한과 더불어 덧없음, 허무, 오래가지 못하는 것, 튼튼하지 못한 것을 상징한다. 모래 위에 세운 집, 사상누각은 기초가 튼실하지 못한 일이나 건물이 오래 버티지 못하고 금방 무너져 내린다는 뜻이다. 동서양을 막론하고 모래로 무엇인가를 만들고 쌓는 일은 부질없는 짓, 아주 짧은 시간 동안만 존재하고 손쉽게 변하는 것을 뜻한다. 호메로스의 서사시 「일리아드」에도 "태양의 신 아폴론은 아이들이 모래성을 쌓았다가 바로 차서 무너뜨리는 것처럼, 그리스 군대의 방어벽을 쉽게 허물어뜨렸다."(호메로스, 「일리아드」 15권 420절)라는 표현이 나온다. 고대 그리스에서도 아이들이 모래로 집과 성을 지으면서 놀았던 모양이다. 모래로 만든 건조물은 인류의 상징과 비유 체계 속에서 덧없음, 찰나를 스치고 사라짐을 의미한다.

모래와 모래 더미는 그 물리적, 형태적 특성상 든든한 기반이 되지 못한다. 뭉치지도 않고 한곳에 가만히 머물지도 않는다. 모래 더미를 위에서 누르면 발이 쉽게 들어가고 모래알이 옆으로 퍼진다. 한 귀퉁이에서 살살 파 내려가면 비탈진 면에서 모래 알갱이들이 앞다투어 미끄러지기 시작한다.

산에 쌓여 있는 흙더미나 바위, 눈이 무너져 내리는 현상을 뜻하는 산사태, 눈사태의 사태(沙汰)에는 모래 사(沙) 자가 들어가 있다. 쉽게 쓸려 내려가는 모래의 대표적인 특성이 흙과 눈에서도 그대로 나타난다는 것을 보여 주는 사례다. 무너져 내림, 그것은 모래의 천성이다.

미국의 물리학자들이 잘 무너져 내리는 모래의 성질을 이용해 재미있는 실험을 했다. 시간이 좀 걸리긴 하지만 '모래 더미 놀이

(Sandpile Game)'라고 부르는 이 장난은 누구나 할 수 있다. 평평한 탁자 위에 모래를 한 알씩 떨어뜨린다. 한 알씩 떨어뜨리기가 번거로우면 한 줌씩 몇 번 떨어뜨려도 된다. 모래가 쌓이면 모래산의 경사가 가 팔라지면서 사태가 일어날 가능성이 점점 높아진다. 이제부터는 웬만 큼 높아진 모래산 비탈 곳곳에 모래알을 하나씩 낙하시킨다. 물리학 자들은 모래가 얼마큼 쌓여 있을 때, 어느 위치에 한 알을 떨어뜨렸 을 때, 모래사태가 일어나는지를 관찰하고 기록했다. 수많은 실험을 되풀이하기 위해서 학자들은 컴퓨터 모의실험으로 실제 모래 더미 놀이를 대체했다.

　　모의실험을 수천 번 한 끝에 학자들은 모래사태가 일어나는 일 반 원리를 찾을 수 있으리라는 희망을 품었다. 모래 더미는 높아질수 록 극도로 민감하고 불안정해진다. 즉 모래사태가 날 수 있는 임계상

모래가 무너져 내리는 모습

태에 접어들었다고 볼 수 있다. 거기에 한 알을 더 떨어뜨리면 모래사태가 발생하는데, 어느 순간 어떤 식으로 일어날지 정확히 알 수 있을까? 실험 결과는 놀랍게도 학자들의 기대를 배반했다. 학자들의 바람과는 달리 모래사태는 모래 더미의 크기, 떨어뜨린 모래알 개수, 떨어진 위치와 별 상관없이 예측 불가능하게 일어났다. 언젠가는 모래사태가 일어난다는 사실만 확실할 뿐, 아무리 정교한 조건을 마련해도 모래알을 어느 순간에 낙하시켜야 모래사태가 발생할지 단언할 수가 없었다. 모래사태의 일반 유형을 확정하는 일은 그야말로 무의미했다.

모래사태의 예측 불가능성 연구는 이후 자연과 인간 사회의 작동 원리를 파헤치는 많은 연구의 시발점이 됐다. 학자들은 폭발적인 전염병 유행, 강력한 지진 발생, 갑작스러운 주가 폭락, 혁명 발발 등에서도 모래 더미 놀이와 비슷한 원리가 적용된다는 것을 알았다. 임계점에 도달한 하나의 계(系), 그 영역 안에서 일어나는 파국의 상황을 모래를 통해 과학적으로 이해할 수 있게 된 것이다.

모래는 절대 쉬지 않는다

기체인 바람은 눈에 보이지 않고 일정한 형체가 없으며 여기저기 돌아다니고 퍼진다. 액체인 물도 무정형이고 비정형이며 땅 위를 흐른다. 특이하게도 모래는 고체이면서 기체나 액체와 같은 특징을 보인다. 모래 알갱이 하나는 형체가 고정되어 있지만, 모여 있는 모래 더미나 군집은 비정형이다. 모래는 물처럼 놓이는 위치, 담기는 용기에 따라 얼마든지 모양을 바꿀 수 있다. 모래는 고체이지만 기체처럼 바람에 날리고 액체처럼 물과 함께 흐른다.

암석에서 부서져 나온 지 얼마 안 된 모래는 움직이는 것을 처음 배운다. 무겁거나 가볍거나, 크거나 작거나 모래는 잠시도 가만히 있지 않는다. 모래는 끊임없이 움직인다. 스스로에게 어떤 동력이나 에너지가 있어서가 아니다. 모래 알갱이의 크기와 무게가 적당해서 바람과 물의 작용을 불러온다. 일본 소설가 아베 코보에게 모래의 이런 성질은 중요한 모티브가 된다.

> 바람이 불고 강이 흐르고 바다가 넘실거리는 한, 모래는 토양 속에서 끊임없이 생성되어 마치 살아 있는 생물처럼 장소를 가리지 않고 기어다닐 것이다. 모래는 절대로 쉬지 않는다. 조용하게, 그러나 확실하게, 지표를 덮고 멸망시킨다.
>
> — 아베 코보, 『모래의 여자』(김난주 옮김, 민음사, 2001) 중에서

거대한 사구가 있는 해안가, 휴가를 내고 모래에서만 사는 희귀 곤충을 찾아 나선 주인공은 마을에서 하룻밤 묵을 곳을 찾는다. 변변한 숙박 시설이 있을 턱이 없는 가난한 동네, 한 노인이 그를 거대한 모래 구덩이 속에 있는 누추한 집으로 안내한다. 멋모르고 노인을 따라간 사내는 아무리 발버둥 쳐도 나올 수 없는 개미지옥 같은 운명에 빠진다. 높고 가파른 모래 비탈을 기어올라 탈출을 시도하지만 번번이 실패한다. 여자 혼자 사는 집 위로는 매일 해풍에 날아온 사구의 모래가 쏟아져 내린다. 하루라도 모래를 퍼내지 않으면 집이 파

묻혀 버리고 만다. 모래의 무게를 견디지 못하고 지붕이 무너져 깔려 죽지 않으려면 매일 몇 시간씩 모래를 퍼내야 한다. 그리스신화에서 비탈을 굴러 내려가는 돌을 다시 밀어 올려야 하는 시시포스처럼, 사내는 살아남기 위해 여자와 함께 끝을 알 수 없는 노동을 시작한다. 작가는 삶의 영역을 끊임없이 잠식하는 모래를 무대 삼아, 부조리한 상황에 갇힌 인간의 이야기를 펼쳐 낸다.

우물과 시내, 논밭과 신전 지붕 위로 쉬지 않고 밀어닥치는 모래, 그 두꺼운 모래층에 뒤덮여 사라진 도시와 문명의 이야기는 소설이나 전설 속에만 나오는 것이 아니다. 비단길의 모래 밑에 잠들어 있던 교역 도시들이 심심치 않게 발굴되고, 건조한 공기 덕분에 썩지 않고 미라가 된 주민들이 천 년 만에 햇빛을 보는 일이 흔하다. 지금도 전 세계에서 모래는 자신의 영역을 확장해 나가고 있다. 바람을 타고 벌 떼처럼 날아와 생명체가 숨 쉬는 땅을 마비시킨다.

해마다 봄이 오면 중국과 몽골에 걸쳐 있는 고비사막에서 모래가 꿈틀대기 시작한다. 시베리아에서 불어오는 초속 6미터의 강풍이 모래의 바다를 들쑤시면 밑에서 잠자던 작은 먼지 알갱이들이 하늘로 솟아오른다. 눈을 뜨지 못할 정도로 하늘을 뿌옇게 물들이는 모래 폭풍이 중국 북부를 뒤덮고, 바람을 타고 먼 길을 날아가 한반도에까지 흙먼지 세례를 내린다. 중국의 모래 폭풍은 그 유래가 깊다. 사마천의 『사기』, 반고의 『한서』 등이 포함된 중국 왕조의 정사(正史) '24사'를 검색해 보면 모래 폭풍에 대한 기록이 256번이나 나온다. 20세기 들어 중국이 급속하게 산업화하면서 녹지가 대거 줄어들고 사막화가 빠르게 진행되었고, 모래 폭풍은 이제 춘절 같은 중국의 연례

행사가 됐다. 지난 이
십 년 동안 이런 현
상이 더욱 심해져서
2006년 4월에는 지독
한 모래 폭풍이 베이
징에 30만 톤의 모래
를 퍼붓고 지나갔다.

2005년 이라크 사막의 모래 폭풍

모래와 먼지가
어떻게 바람을 타고
이동하는지 아직 확실하게 규명되지는 않았다. 이 주제를 다룬 논문
이 많이 있지만 학자들은 여전히 논쟁 중이다. 일반적으로 밝혀진 사
실은 이렇다. 바람이 세게 불면 지표면의 모래 알갱이들이 진동하기
시작하고 통통 튀어 활 모양의 곡선운동을 하면서 움직인다. 그러면
서 그 아래에 있는 작은 먼지들을 건드려 공기 중에 떠오르게 한다.
바람이 더 세지면 먼지는 물론 가볍고 고운 모래까지 덩달아 하늘
높이 날아오른다. 바람의 힘에 의해 도약했다가 다시 바닥에 부딪혀
튀어 오르기를 반복하면서 모래는 지면과의 마찰을 통해 정전기를
만든다. 이 전기장이 지표의 먼지를 자극해 공기 중에 부유하는 먼지
의 양이 더 많아진다는 주장도 있다. 어쨌든 이런 과정을 거쳐 공중
을 떠돌아다니게 된 뿌연 먼지와 따가운 모래가 농지와 거주지를 뒤
덮는다.

현실 세계에서 모래 폭풍은 삶과 문명을 잠식하는 몹쓸 자연현
상이다. 하지만 문학 작품 속에서는 삶의 전환을 상징하는 비유로 자

2 모래의 책

주 등장한다. 무라카미 하루키의 『해변의 카프카』 첫머리에서는 가출을 앞둔 열다섯 살 소년이 자신의 삶을 뒤바꿔 놓을 모래 폭풍을 상상한다. 그 폭풍은 소년과 아무 상관없는 곳에서 갑자기 나타난 것이 아니다. 소년의 존재 전체가 산산이 분해되고 흩어졌다가 다시 모여서 주변을 맹렬하게 삼켜 버리는 모래 폭풍이 된다. 소년은 그 폭풍 속에서 생살을 찢기는 고통을 겪지만 폭풍이 그친 후에 전혀 다른 존재로 다시 태어난다.

> 너는 실제로 그놈으로부터 빠져나가게 될 거야. 그 맹렬한 모래 폭풍
> 으로부터. 형이상학적이고 상징적인 모래 폭풍을 뚫고 나가야 하는 거
> 다. (……) 이것 한 가지만은 확실해. 그 폭풍을 빠져나온 너는 폭풍 속
> 에 발을 들여놓았을 때의 네가 아니라는 사실이야. 그것이 바로 모래
> 폭풍의 의미인 거야.
>
> ― 무라카미 하루키, 『해변의 카프카』(김춘미 옮김. 문학사상사. 2008) 중에서

사막의 번식, 재앙의 시작

모래 폭풍이 지나간 자리도 그전의 땅과는 모양이 많이 달라진다. 한꺼번에 퍼붓고 간 모래 더미가 산을 이루고, 바람이 불 때마다 슬금슬금 밀려온 모래 너울이 사방으로 퍼져 나간다. 아시아에서 제일 큰 사막인 고비사막은 중국을 향해 남쪽으로 뻗어 가면서 해마다 3600제곱킬로미터의 땅을 집어삼키고 있다. 면적이 8.5제곱킬로미터인 여의도의 약 420배나 되는 땅이 모래의 제국으로 편입되고 있는

실정이다. 고비사막에서 형성된 모래언덕도 성큼성큼 발을 옮긴다. 베이징에서 북쪽으로 170킬로미터 떨어진 지점에 있는 모래언덕이 매년 20킬로미터씩 도시 경계 쪽으로 접근하고 있다. 중국 정부는 사막화를 저지하기 위해 진시황의 만리장성을 본 따 나무 장벽인 싼베이팡후린(三北防護林, 중국의 동북, 화북, 서북 지역의 방풍 보호림)을 만드는 등 총력을 기울이고 있다. 1978년 고비사막의 남하를 막기 위해 시작된 이 거대한 역사(役事)는 2074년에 완공될 예정인데, 나무 장벽의 길이가 4500킬로미터로 정말 만리장성만큼 길다.

하지만 이 나무 장벽이 고비사막의 모래가 확산되는 것을 막을 수 있을지는 미지수다. 미루나무 같은 단일종 나무를 심어 숲이 각종 병에 취약하고, 가뜩이나 건조한 지역인데 나무 때문에 지하수가 고갈되는 등 부작용이 나타나고 있다.

왜 모래 알갱이 하나하나는 그 모양을 유지하면서 군집한 형태로는 오래 지속하지 못할까? 외부 여건이 모래를 그대로 놔두지 않는 것일까? 사하라사막에서 발생해서 아프리카 북부를 뒤덮는 모래 폭풍 시뭄(Simoom)의 알갱이들은 어떻게 바람을 타고 날아오르는 것일까? 모래언덕은 어떻게 매일 다른 얼굴로 변할까?

아베 코보는 이러한 의문을 품고 지질학 서적을 뒤지다 다음과 같은 해답을 발견한다.

물이든 공기든 모든 흐름은 난류를 일으킨다. 이 난류의 최소 파장이 사막에 있는 모래의 직경과 거의 비슷하다. 그 특성 때문에 흙 속에서 모래만 선별되어 흐름과 직각 방향으로 날아간다. 흙의 결합력이 약하

면, 돌은 물론이요, 점토도 날지 못할 미풍이 불어도 모래는 일단 날
아올랐다가 다시 낙하하면서 바람을 따라 이동하게 된다.

— 아베 코보, 『모래의 여자』(김난주 옮김. 민음사. 2001) 중에서

끊임없이 자리를 옮기는 모래가 동력으로 삼는 바람과 물의 움
직임은 유체역학으로 설명이 가능하다. 바람은 온도가 높은 곳에서
낮은 곳으로 불고, 물은 중력에 의해 쉴 틈 없이 낮은 곳을 찾아 흐
른다. 이처럼 모래도 자신의 원칙대로 움직이며 지형을 바꿔 버린다.

하지만 과도하게 움직이는 모래는 인간과 문명을 불편하게 하
는 골칫거리다. 모래가 우리에게 편안함을 줄 수는 없을까?

모래가 물을 머금을 수 있다면

동양 한자 문화권에서는 모래를 두 가지 글자로 쓴다. 첫 번째
사(沙)는 강과 내에 모래가 모이기 때문에 물가 수(水) 변에 소(少)를
붙여 만들었다. 沙는 모래가 물 주변에 있고 물과 함께 지형을 형성
함을 함축한다. 두 번째 사(砂)는 돌 석(石) 변에 소(少)를 붙여 쓰는데
모래의 근원이 암석이고 모래가 그 부산물임을 내포한다.

강은 물속에 모래를 담아 둔다. 고체인 모래는 액체인 물과 많
이 닮았다. 어떤 고정된 형체를 용납하지 않는 물처럼, 물과 접해 있
는 모래 군집도 모양이 변화무쌍하다. 물과 모래가 가까이 있을 때
그 둘은 꽤 잘 어울린다.

아프리카 북부나 아라비아에서는 모래가 메마른 땅 위에서 순

강은 물속에 모래를 담아 둔다.

환하는 반면, 한반도에서는 물과 함께 순환한다. 우리에게는 신기루만이 헛된 위안을 주는 삭막한 사막, 바람의 방향과 세기에 따라 시시각각 얼굴을 바꾸는 내륙 모래언덕이 없다. 물론 한반도의 모래들도 한데 모여 있지만, 특이하게도 물속 또는 물과 가까운 곳에 존재한다.

사막에서의 죽음은 물이 부재한 것과 관련이 있다. 모래가 물을 머금을 수 있으면, 모래가 물속에 있으면 이야기가 달라진다. 사하라사막처럼 모래가 주도권을 쥔 풍경은 죽음이 되고, 우리네 강가처럼 물이 주도권을 쥔 풍경은 삶이 된다. 바닷가의 모래밭, 강과 내의 모래톱이 한반도의 모래를 대표한다. 해안가의 넓은 백사장, 산과 들과 마을을 끼고 도는 하천 둔치의 모래밭, 강물 위로 등을 드러낸 모래톱 덕분에 모래는 우리 삶과 문화 속에서 친근한 대상이 되었다.

모래는 우리 조상들의 인문지리관과 자연지리관이 집약되어 있는 전통 풍수지리 사상과도 연관이 있다. 살아서 혹은 죽어서 머물기 좋은 곳은 어디인가라는 물음에 답을 구하기 위해 동아시아인들이 수많은 시행착오와 체험을 토대로 구축한 이론 틀이 바로 풍수지리 사상이다. 이는 서양 문화 중심의 관점에서 비과학적인 것으로 경시됐으나 1980년대부터 학문적으로 풍수지리를 연구하는 사람들이 생기면서 최근 다시 평가를 받고 있다. 풍수지리에서는 집이나 무덤이 들어설 터를 혈(穴) 자리라 하고 그를 둘러싼 터의 뒷산인 진산(鎭山), 앞산인 안산(案山), 왼쪽의 청룡, 오른쪽의 백호 등 주변 산세를 사(砂), 즉 모래라고 표현한다. 물 수 변을 쓰는 沙 대신 돌 석 변을 쓰는 砂를 쓰는 점만 다르다.

왜 풍수지리학자들은 삶과 죽음의 터전을 둘러싼 주변 환경을 모래라고 했을까? 풍수를 논할 때 소반 위에 모래를 놓고 그 위에 혈, 그것을 둘러싼 산과 강을 그렸다 해서 주변을 砂라고 했다는 설이 유력하다. 砂의 의미를 좀 더 깊이 파고들면, 제일 중요한 터를 감싸고 있는 환경이 모래처럼 편안해야 한다는 뜻이다. 하회 마을을 포근하게 감싸고 있는 강과 모래톱을 연상하면 쉽게 이해가 간다. 풍수지리에서 집터를 둘러싼 지형 요소를 砂라 하는 것은 어머니의 자궁 속에서 태아를 감싸고 있는 양막(羊膜)을 '모래집'이라 부르는 것과 일맥상통한다.

한반도에는 물과 함께 흐르는 수많은 모래의 강이 있다. 모래

경상북도 안동시 하회 마을

펄, 모래톱이 있고 강바닥을 굴러가는 모래 알갱이가 있다. 모래와 물이 함께 흐르는 강은 무한히 얇은 종이로 만든 책이다. 모래의 겹, 물결의 겹을 벗기고 벗겨도 그 바닥에 닿을 수 없는 무한의 책.

그 속엔 물과 모래가 함께 그리는 그림, 함께 추는 춤, 함께 부르는 노래가 숨 쉰다.

「모래의 책」을 팔러 온 노인은 책의 한 면에 그려진 삽화를 보고 있는 보르헤스에게 "그 그림을 잘 봐 두세요. 결코 다시는 보지 못하게 될 테니까요."라고 말한다. 보르헤스가 책을 덮었다가 바로 그 면을 다시 들춰서 삽화를 찾았지만 거기엔 다른 면이 나타났다.

2차 세계대전 때 나치 독일은 주변 국가를 번개처럼 기습 공격

경상북도 예천군 용궁면 회룡포 뿅뿅 다리

하는 전격전을 벌였다. 21세기 대한민국 정부는 멀쩡한 4대강의 자연
스러운 흐름과 모습을 파괴하는 속도전에 열을 올리고 있다. 강물을
보에 가두고 바닥에서 모래를 파내고 습지를 쓸어 내면서.

　아직 남아 있는 모래톱에는 공사 구간임을 표시하는 시퍼런 깃
발이 꽂혀 있다. 부드럽고 푹신했던 모래의 땅은 오만과 탐욕의 제물
이 되어 그야말로 모래알처럼 흩어질 일만 남았다. 이 책에 실린 사진
은 모래톱의 영정 사진이, 글은 모래강을 위한 조사(弔死) 혹은 비망
록이 될지도 모른다.

　"저 강과 모래를 잘 봐 두세요. 결코 다시는 보지 못하게 될 테
니까요."

모래

체로 분류한 모래

모래는 암석, 광물이 자연 상태에서 오랜 풍화 과정을 거쳐 잘게 쪼개진 알갱이, 입자를 말한다. 지질학에서는 모래를 지름 0.0625(1/16)~2밀리미터인 광물 입자로 정의한다. 지름의 길이에 따라 2~4밀리미터인 굵은 모래를 왕사(王沙, 왕모래), 0.0625~2밀리미터인 모래를 조사(粗砂, 거친 모래), 0.02~0.2밀리미터의 모래를 세사(細砂, 고운 모래)로 분류하기도 한다.

모래의 구성 성분은 모체가 된 암석에 따라 그 차이가 심한데, 일반적으로 석영 입자가 가장 많고 재질은 실리카(이산화규소, SiO_2)이다.

모래는 색깔도 천차만별이어서 석회석이 풍화된 열대 해변의 모래는 밝은 백색을 띠고, 현무암이나 흑요석에서 생성된 모래는 검은색이다. 한반도 강변의 모래는 주로 화강암이 풍화해 생긴 석영, 사장석, 운모 등으로 이루어져 있으며 연한 갈색을 발한다.

암석에서 분리된 지 얼마 안 된 모래는 그 생김새가 날카롭게 각이 지고 불규칙하다. 뾰족한 모서리가 물과 바람에 서서히 마모되면서 둥근 모양에 가까워진다. 바람의 마모 능력이 물보다 더 강해서 바람에 오래 노출돼 여기저기 부딪히고 구른 모래가 훨씬 완벽한 구형을 갖춘다고 한다.

모래는 점토, 실트와 함께 토양을 이루는 주요 성분으로, 모래를 많이 함유한 땅은 공기가 잘 유통되고 물이 잘 빠지며 습기가 충분해서 수박, 복숭아, 땅콩 등이 잘 자란다. 모래는 벽돌과 콘크리트를 만드는 건축 재료로도 쓸모가 많다.

모래톱　모래톱은 강가나 바닷가에서 볼 수 있는 퇴적 지형으로, 오랫동안 물이 운반해 온 모래가 쌓여 수면보다 높이 도드라지게 된 등성이나 벌판을 말한다. 홍수나 만조 때에는 물에 잠겼다가 수위가 낮아지면 다시 드러나는데, 퇴적층이 두꺼우면 늘 물 밖에 나와 있는 경우도 있다. 강물 속 깊이 잠겨 있는 강바닥 모래층은 밖으로 드러나 있는 모래톱의 뿌리에 해당한다. 떠내려온 자갈이 쌓여 생긴 벌판은 '자갈톱'이라 한다. 지형학에서는 모래와 자갈이 섞여 있는 퇴적 지형을 사력퇴(沙礫堆)라고 일컫는다.

한반도의 강가에는 아름다운 모래톱이 잘 발달했다.

한반도에는 구불구불 흐르는 곡류, 모래를 포함한 화강암 풍화 토양이 많아 강가에 아름다운 모래톱이 잘 발달했다. 그중에서 낙동강을 끼고 있는 경북 안동시 하회 마을, 내성천이 휘감아 도는 경북 예천군 회룡포의 모래톱이 아름답기로 유명하다. 한반도 남쪽에서 가장 큰 모래톱(길이 2.6킬로미터, 폭 660미터)은 경남 창녕군 남지읍 낙동강에 있었다. 하지만 2010년 4대강 공사로 대규모 준설이 이루어지면서 사라졌다가 2011년 5월 큰비로 떠내려온 모래가 쌓여 일부분이 다시 그 모습을 드러냈다. 온전한 원래 모습은 이제 위성지도에만 남아 있다.

위성지도에만 남아 있는 경상남도 창녕군 남지읍 모래톱

우리말에서는 강과 바다에 있는 모래 지형을 모래톱으로 통칭하는 반면, 영어에서는 강에 있는 모래톱을 Point Bar, Braid Bar, Mouth Bar로 나누고, 바다에 있는 모래톱은 Longshore Bar(또는 Shoal)로 구분한다. 강의 모래톱은 강물이 흐르면서 운반해 온 모래나 다른 입자가 구부러진 물길의 안쪽, 강 중간, 강어귀에 쌓이면서 생긴다. 구불대며 흐르는 물길 안쪽에 형성되는 모래톱이 가장 일반적인 형태다.

강 중간에 모래가 쌓이면 하중도가 형성되는데, 한강 여의도, 낙동강 을숙도가 유명하다. 강이 바다와 합쳐지는 강어귀에도 강물이 실어 온 모래가 바닥에 쌓여서 모래톱이 고래처럼 등을 드러낸다. 낙동강 하구의 철새 도래지인 도요등, 백합등, 대마등이 대표적이다.

연안의 조류(潮流)가 해안가로 모래를 운반해 와서 바다에도 모래톱이 생성된다. 보통 연안사주라고 부르는데, 만의 입구를 막아 그 안쪽 바닷물을 가두어서 석호를 만든다. 동해안에는 석호와 사주가 18개 있다. 대표적인 것이 강원도 속초시의 영랑호, 고성군의 송지호이다. 바다 모래톱은 자연 상태로 남아 있지 않고 그 위에 시가지, 도로, 해수욕장 등이 들어선 경우가 많다.

3   뱃속에 사막을
      품고 흐르는 강

낚싯돌 머리에 갈대꽃 피었는데, 걸을 때는 한 쌍의 짚신
우거진 버들 그늘져 침침한데, 고깃배 언덕에 기대 두었지
모래가 조촐하니 백로가 모여들고, 물이 넓으니 물고기 좋아하네
— 손수(孫洙), 『신증동국여지승람』 10권 경기(京畿) 양천현(陽川縣) 편 중에서

조선 시대 교리(校理) 벼슬을 지냈던 한 문인이 지금은 서울시
양천구와 강서구로 편입된 옛 경기도 양천현의 한강변 풍경을 읊은
시에는 갈대와 버들, 모래와 백로가 등장한다. 강변의 반짝이는 모래
밭, 그 옆 얕은 물가에서 찰랑거리는 물결, 막대기처럼 긴 다리로 천
천히 걷고 있는 목이 길고 하얀 새. 이 셋의 조합은 조선의 선비들에
게 아주 익숙한 풍경이었다. 흰 날개를 펼치고 날아오르는 우아한 백
로는 청렴한 사대부들이 자신의 상징으로 삼고 싶을 만큼 아름다웠
으리라. 오죽하면 "까마귀 노는 곳에 백로야 가지 마라."라는 말까지
나왔을까.

버들이 춤추고 백로가 노닐던 모래톱의 추억

왜가릿과에 속하는 백로는 해안, 습지, 논, 모래가 쌓인 얕은 물
가에 긴 다리를 담그고 서서 먹이를 기다린다. 오리나 고니처럼 물
위에 몸통을 띄우고 물속에서 경박스럽게 발을 차 대며 먹이를 찾지
않는다. 백로는 망부석처럼 미동도 없이 서서 일렁이는 물결 속을 뚫
어져라 내려다보다가 물고기가 나타나면 작살 같은 부리를 날려 재빠
르게 찍어 올린다. 하지만 이제 모래밭을 배경으로 백로가 먹이를 찾

는 모습을 한강에서는 보기 힘들다. 서울 잠실과 김포 신곡에 수중보가 생겨 강물에 실려 오던 모래가 막혀 버렸고, 강기슭 양쪽 콘크리트 제방에 갇힌 강의 수심은 깊어졌다. 백로가 딛고 설 자리가 없어져 버린 것이다.

양천 향교를 품고 있는 궁산 봉우리에서 내려다보는 한강 풍광은 겸재 정선이 「경교명승첩(京郊名勝帖)」에 '양천팔경'을 그렸을 정도로 아름다웠다. 이제는 아스팔트를 깐 자전거도로, 흙을 가져다 덮어 판판하게 만든 체육공원, 물 위에 뜬 공연장이라는 플로팅 스테이지(Floating Stage) 같은 인공물이 우리를 맞을 뿐, 옛 시인의 묘사는 허사(虛詞)가 돼 버렸다. 과도한 토목 성형수술로 본 모습을 잃어버린 강을 우리는 진짜인 듯 대하며 살고 있다.

1960년대 이후 수도권에서 태어나 자란 이들에게 물과 모래가 어우러진 경치는 익숙하지 않다. 그들의 기억 속에서는 콘크리트 제

한강 백사장에서 수영을 즐기는 시민들(1956년)(서울시사 편찬 위원회 제공)

3 뱃속에 사막을 품고 흐르는 강

방 안에 갇힌 검푸른 물이 넘실대는 한강만 흐르는 까닭이다. 여름에 한강 모래톱에서 일광욕을 했다든지, 수십만 인파가 한강 백사장에 모여 대통령 후보 신익희 선생의 유세 연설을 들었다든지 하는 어른들의 이야기는 오래된 흑백사진으로만 확인할 수 있다. 본래 한강변의 모래는 사람들의 쉼터이며 모임 장소였다. 여름이면 한강은 미역을 감으러 나온 사람들로 북적였다. 수영복도 제대로 없었던 시절, 벌거벗은 아이들이 물장구를 치고 모래밭에서 씨름을 하며 방학을 보내곤 했다.

현재 국회, 증권거래소, 금융감독원, KBS 건물이 들어서 있는 영등포구 여의도. 온통 아스팔트와 콘크리트, 보도블록으로 뒤덮여 한참을 걸어도 신발에 흙을 묻혀 보기 힘든 곳. 여기가 불과 오십 년 전만 해도 모래땅이었다는 사실을 아는 사람은 많지 않다. 여의도는 강 중류에 오랜 세월 모래가 쌓여서 만들어진 하중도, 거대한 모래톱이었다. 파내고 또 파내도 농사짓기 어려운 모래만 나와서 오죽하면 "너나 가져라."라는 뜻으로 너벌 섬, 여의도라고 불렀다는 우스갯소리까지 있었을 정도다.

그런데 전두환 군사정부 시절인 1982년부터 1986년까지 한강 종합개발 사업을 벌이면서 한강의 모래가 자취를 감추기 시작했다. 강변의 모래톱을 없애고 바닥에서 약 7000만 제곱미터의 모래와 자갈을 퍼냈다. 암사동–김포 38킬로미터 구간의 수심을 2.5미터로 유지하기 위해 상류와 하류에 각각 수중보를 설치했다. 인공 수로 덕분에 유람선이 다닐 수 있게 됐고 서울 시민들은 늘 물이 차 있는 한강을 보게 됐지만, 고유의 자연스러운 생태와 풍광은 사라져 버렸다.

청계천에 모래가 넘치던 시절

지금은 서울 시내에서 눈에 불을 켜고 찾아도 잘 보이지 않는 모래가 조선 시대에는 조정의 골칫거리였다. 한양 한복판을 가로질러 흐르던 하천에 모래가 많았던 모양인데, 『조선왕조실록』에는 왕과 신하들이 모래를 두고 나눈 대화가 여럿 나온다.

> 윤휴가 말하기를, "홍제원(弘濟院)에도 관개(灌漑)할 곳이 있습니다." 하니 허적이 말하기를, "상석 사천(裳石沙川)을 반드시 막을 수는 없으나, 백성을 위하는 마음에서 나왔으니 신이 시도해 보고자 합니다."
>
> — 「숙종실록」 1년(1675년 10월 11일), 『조선왕조실록』 중에서

중국 사신들이 오가던 의주로에 위치한 홍제원 주변에는 앞서 말한 사천, 즉 모래내(지금의 홍제천)가 흘렀다. 윤휴가 거기에 모래가 많이 쌓여 있으니 준설하고 물을 대야 한다고 건의하자, 허적이 치마처럼 큰 돌과 모래가 흘러내리는 것을 막을 수는 없으나 최선을 다해 치워 보겠다고 왕에게 아뢰는 장면이다. 백 년 뒤인 정조 대에도 모래를 파내는 업무가 시급했던 모양이다. 하천을 담당하는 관리와 왕이 이야기를 나눈 대목을 한번 보자.

> 내가 이르기를, "준천사(濬川司) 도청(都廳)은 앞으로 나오라. 준천의 역사(役事)가 지금 어느 정도 진척되었으며, 수표교(水標橋)의 '경진지평(庚辰地平)' 네 글자 중에서 몇 개가 보이는가?" 하니 윤수인이 아뢰

　　　　　　　　　　　　　　　3 뱃속에 사막을 품고 흐르는 강

기를, "'경(庚)' 자가 겨우 반쯤 보입니다." 하였다. 내가 이르기를, "올
해는 가뭄이 너무 심해 애초에 장마라고 할 만한 것이 없었는데 수표
교가 이렇듯 깊이 묻혀서 한 글자도 나온 것이 없으니 이유가 무엇인
가?" 하니 (윤수인이) 대답하기를, "준천의 역사를 감히 조금도 소홀히
하지 않고 있습니다만, 사토(沙土)가 준천을 꽉 메우고 있어서 비각(碑
刻)이 다 드러나지 못하고 있습니다. 그러나 신 등은 이전보다 갑절이
나 더 노력하고 있습니다."

— 「정조실록」 1년(1777년 7월 12일), 『조선왕조실록』 중에서

조선 시대 준천사란 준천(내를 파서 깊게 만듦.)이라는 말 그대로
시내에 쌓인 퇴적물을 파내서 물길을 통하게 하는 부서였다. 위 대
화 내용을 정리하자면, 큰비가 오지도 않았는데 청계천 수표교 기둥
에 새겨진 '경진지평' 네 글자 중 세 글자까지 모래가 차올랐다. 알다
시피 수표교에는 수위를 재는 표시가 있었다. 정조는 모래를 파내는
준천사를 다그친다. 관리는 아랫사람들을 채근해서 열심히 일을 했
지만 모래가 워낙 많이 쌓여 파내기가 여의치 않다고 변명한다. 왕의
비서인 승지가 준천사 도청이 어리석고 거만하니 문책을 해야 한다고
아뢰고 정조는 처분을 내리겠으니 물러가라고 하명하는 것으로 이
기사는 끝난다.

현재의 청계천은 인공 수로, 콘크리트 어항이라는 비판을 받고
있지만, 조선 시대까지만 해도 모래가 넘치는 살아 있는 하천이었다.
서울 한복판에 있는 청계천까지 모래가 꽉 차오를 정도였으니 한강
의 모래는 더 말할 것도 없다. 이긍익은 『연려실기술』에서 한강이 고

인공 수로를 낸 현재의 청계천

려 시대에는 사평도(沙平渡)라고 불렸다고 밝혔다.

> 서울의 한강을 옛날에는 한산하(漢山河)라 일컬었고, 고려에서는 사평
> 도(沙平渡)라 일컬었다. 한강의 근원은 둘인데, 충주 금천(金遷)에서 흘
> 러온 것을 남강이라 일컫고, 춘천 소양강에서 흘러온 것을 북강이라
> 일컫는다.
>
> — 이긍익, 「지리전고(地理典故)」, 『연려실기술』 별집 16권 중에서

사평도는 단어 그대로 '모래가 펑퍼짐하게 많은 나루, 모래톱이
많은 물'이라는 뜻이다. 『고려사절요』 등 고려 시대를 다룬 문헌에는
사평도라는 말이 많이 나온다. 지금은 모래를 찾아보기 힘들지만 옛
사람들에게 한강은 모래가 많은 강이었다. 이렇듯 사료를 통해 한반

　　　　　3 뱃속에 사막을 품고 흐르는 강

도에서는 예로부터 모래가 많이 나왔음을 짐작할 수 있다.

조선의 지식인들도 한반도의 지질과 지형이 다른 나라의 땅과 다르다는 점을 잘 알았다. 1778년(정조 2년) 실학자 이덕무는 청나라에 파견된 사신단에 기록관으로 동행하면서 중국의 산천, 건축, 조수, 곤충에 관한 것들을 일기에 꼼꼼히 기록했다. 그는 중국의 지형과 산수를 보고 나서 조선과 비교했을 때 확연히 다른 점을 이렇게 썼다.

> 북쪽으로 의무려산(醫巫閭山)을 바라보니 일대(一帶)에 검푸른 석봉(石峯)들이 짙은 회색(灰色)처럼 보이는데 나무라고는 한 그루도 없다. 대개 압록강(鴨綠江)을 건너 관내(關內)까지는 산형(山形)이 일반이다. 일찍이 시험해 보건대, 산의 돌은 그 지질(地質)에 따라 이루어지는 것이다. 이곳의 지질은 모두 치토(埴土, 찰흙)이기 때문에 응결(凝結)하여 이루어진 산이 청석(青石)인 듯하고, 우리나라의 지질은 사토(沙土)이기 때문에 응결하여 이루어진 산이 희고 돌도 견고하니, 이는 필연적인 이치다.
>
> ─ 이덕무, 「입연기(入燕記)」 하(下) 윤 6월 2일 일기, 『청장관전서』 67권 중에서

이덕무가 청나라 땅에서 마주한 의무려산은 지금의 랴오닝 성 서부에 위치한 산인데, 이 산에는 화강암이 많은 조선과는 달리 푸른 빛깔을 띠는 청석이 많다. 청석은 중국에서 흔하게 볼 수 있는 암석으로, 퇴적암이 지각의 압력과 열에 의해 변형돼 생성된 변성암의 일종이다. 반면 조선의 암석은 흰빛을 띠고 단단한데, 그것을 이덕무는 모래가 굳어서 생성됐기 때문으로 파악하고 있다. 한반도에 흔한

북한산 계곡에 널린 화강암 조각들

화강암과 모래가 관련이 깊다는 것을 조선의 실학자들도 잘 알고 있었던 것이다. 한양의 진산인 삼각산(지금의 북한산)의 최고봉인 백운대도 거대한 화강암 덩어리이고 보니, 희고 밝게 빛나는 암석이 조선을 대표하는 것은 당연한 일. 지금도 북한산 둘레길을 따라 걸으면 산에서 쪼개져 나온 화강암들이 계곡을 가득 메우고 있는 장면을 볼 수 있다.

모래 알갱이의 여행

이 빛나는 화강암도 영겁을 주체하지 못하고 풍화해서 곳곳에 무너져 주저앉는다. 오래된 화강암이 흙 밖으로 드러나 있는 산비탈을 답사해 보면 광물질이 산소와 결합해 붉은빛을 띠고 있는 경우가 많다. 부서진 바위 더미는 다른 흙이나 먼지와 마구 뒤섞여 있다. 흙을 헤치고 떨어져 있는 화강암 조각을 하나 꺼내서 쥐고 힘을 세게 주면 돌이 푸석거리며 쪼개진다. 두 손으로 잡고 비틀면 가루가 떨어져 내린다. 북한산의 단단한 화강암 비탈을 밟고 올라가 본 사람이라면 다 안다. 등산화 밑의 바위가 강철 망치로 세게 내려쳐도 꿈쩍하지 않고, 오히려 자신에게 부딪쳐 오는 다른 바위를 박살 낼 것처럼 단단하다는 사실을. 그런 바위가 이렇게 형편없는 푸석돌이 되다니.

바위가 세월의 끝에 긁혀 조각조각 떨어져 나와서, 강을 거치며 삐죽한 모서리가 잘리고, 바다에 이르러 파도의 정에 맞고 쪼여 곱게 다듬어진 후에야 모래 알갱이 하나하나가 나온다. 그러니까 산비탈에 드러난 화강암의 풍장 터에서 우리는 모래의 원형, 원시의 모습을 처음 만날 수 있다.

바위에서 갓 떨어져 나와 알이 굵은 모래 입자들은 스스로의 힘으로 이동할 수 없다. 바람이 강하게 불면 주변으로 날리는 정도이고, 아직 본격적인 여행을 시작할 단계는 아니다. 모래는 다른 것을 기다린다. 기체인 바람도, 고체인 산속 나무나 돌도, 모래를 밀어서 먼 곳으로 데려다 주지 못한다. 모래는 액체인 비가 내려서 자신의 몸을 적셔 주기를 고대한다. 물을 만남으로써 모래는 비로소 새롭게 태어난다. 걸리고 씻기면서.

모래가 물과 만나면 신비한 일이 벌어진다. 산과 들의 암석에서 풍화해 흙먼지를 뒤집어쓴 채 거무튀튀한 빛깔로 나뒹굴고 있던 모래 더미는 큰비가 내리면 지표면에 생긴 미세한 물길을 따라 도랑으로 모이고, 다시 좀 더 큰 개울, 그리고 시내를 거쳐 큰 강으로 쓸려 들어간다. 모래뿐만 아니라 입자가 훨씬 작은 진흙, 점토, 미사(微砂)도 한데 합쳐져 강물은 시뻘건 흙탕물이 된다. 반면 애초에 실려 온 자갈이나 잔돌처럼 무거운 것들은 일찌감치 바닥에 가라앉았다가 물살이 거세지면 바닥을 박차고 튀어 오르거나 굴러다닌다.

통통 튀고 빙빙 돌고 여기저기 부딪히며

지형학과 수문학(水文學, 지구의 물이 순환하는 과정을 지리학, 물리학, 화학 등 다양한 관점을 활용해 연구하는 학문)에서는 물 흐름에 의한 입자의 이동을 두 종류로 나눈다. 우선 진흙이나 미사 같은 작은 입자는 물에 떠서, 즉 부유물로 떠내려간다. 물살이 셀 경우에는 굵은 모래까지도 물에 떠내려간다. 이를 부유 이동(Suspension)이라 한다. 두 번째는 물살에 밀려 구르거나, 잠시 떴다가 강바닥에 부딪혀서 구르다가 물살이 세

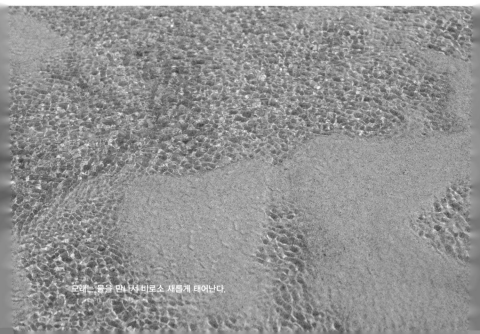

모래는 물을 만나서 비로소 새롭게 태어난다.

지면 다시 튀어 오르기를 반복하면서 떠내려가는 하상 유사(Bed Load) 이동이다. 모래가 강바닥 위를 통통 튀면서 이동하는 것을 학술 용어로 '도약(Saltation)'이라고 부른다. 모래는 도약 과정에서 강바닥의 다른 작은 입자들을 건드려서 움직이게도 만든다. 수력이 세면 모래도 도약을 넘어 부유하면서 이동한다. 풍화 과정에서 잔 먼지가 잔뜩 묻었던 모래는 종잡을 수 없는 어지러운 물살에 몸을 씻으며 떠내려간다.

　시냇물이나 강물이 한 방향으로 일정하게 흐르는 것처럼 보이지만 물살의 미세한 흐름은 방향이 일정하지 않고 수시로 바뀐다. 강바닥에 박혀 있는 큰 바위나 작은 돌같이 돌출 부분을 만나면 잠시 역류하기도 하고 제자리에서 빙빙 돌기도 한다. 강바닥의 경사가 갑자기 급해지는 곳이나 물길이 휘는 곳에서도 흐름이 불규칙해진다. 이것들을 난류(亂流, Turbulence)라 하는데, 곳곳의 작은 난류들이 오케스트라의 악기처럼 각자 소리를 내고 조화를 이루는 것이 강의 흐름이라고 볼 수 있다. 속도와 방향이 일정하기만 해서는 그 많은 토사를 움직일 수 없다. 강이 운반하는 토사들을 각 부분에서 떠맡고 있는 낱낱의 인부들이 바로 이 난류들이다.

강변 모래톱, 강중 모래톱, 강어귀 모래톱

　강물에 실려 가는 토사들이 끊임없이 제 갈 길을 가는 것은 아니다. 물이야 길이 있으면 쉬지 않고 흐르지만, 토사는 물의 힘이 모자라면, 즉 유속이 느려지면, 혹은 장애물을 만나면 힘든 짐을 내려놓는다. 일반적으로 강의 상류는 폭이 좁고 경사가 급해서 물살이 빠르다. 중하류로 올수록 강폭이 넓어지고 경사도 완만해져서 물살이 상류에 비해 느려진다. 유속이 느려진다는 것은 강물의 에너지가 줄어든다는 뜻이고 이는 곧 한 번에 싣고 갈 수 있는 토사량도 줄어듦을 의미한다. 화물차 엔진의 힘이 달리거나 연료가 줄어들면 싣고 있는 화물을 덜어 내야 하는 것과 같은 이치다.

강은 보통 물살이 느려지고 수심이 얕은 구부러진 물길 안쪽이나, 앞에 산이나 큰 바위 같은 장애물이 있어 물길이 휘돌아 가는 곳에 토사를 내려놓는다. 여기에 이르면 유속이 줄어 힘이 약해지고 무거운 알갱이부터 바닥에 내려놓는다. 강바닥에 이미 토사가 쌓여 있어 턱이 진 곳이 있다면 뒤에 오는 자갈과 모래가 그 위에 올라타기가 쉽다. 엎친 데 덮친다고 토사가 쌓인 데 더 쌓이면 물 밖으로 모래더미가 등을 내밀게 된다. 모래톱이 태어나는 순간이다.

하천 형태학, 지질학에서 모래톱의 사전적 정의는 "하천이 흐르면서 운반된 토사가 퇴적돼 강바닥보다 높아진 지형"이다. 우리말에서는 강변에 쌓인 모래의 군집을 통칭 모래톱이라 한다. 영어권에서

강변에 쌓인 모래의 군집을 모래톱이라 한다.

는 모래톱을 Bar라고 하는데 강에서 모래톱이 형성되는 강의 형태나 그 위치에 따라 세 가지로 구분한다.

뱀이 기어가듯 구불구불 흐르는 곡류(Meander)에서는 굽이 안쪽에 모래가 쌓이는데 이를 Point Bar라고 한다. 강 안쪽으로 튀어나온 땅(Point)에 막대(Bar)처럼 길게 생긴 모래땅이라는 의미다. 반대로 굽이 바깥쪽은 센 물살에 깎여 나간 곳이라 Cutbank, 하안(강가) 절벽이라 부른다. 이런 유형에 해당하는 대표적인 모래톱이 바로 경북 안동시 하회 마을 모래톱이다. 마을 옆 모래톱 건너편에는 오랜 세월 강물의 공격을 받아 침식된 절벽인 부용대가 마을을 내려다보고 있다.

강변이 아니라 강 한가운데에 생기는 모래톱을 영어로 Mid-channel Bar라고 한다. 단어 그대로 중간(Mid) 물길(Channel)에 있는 모래톱이다. 다른 말로 Braid Bar라고도 부르는데, 강 한가운데 모래톱이 있고 물줄기가 갈라져 흐르는 모양이 여자들의 땋은 머리 모양과 비슷하다고 해서 나온 말이다. 머리를 땋으려면 머리카락을 몇 가닥으로 가른 뒤 어긋나게 엮어 한 가닥으로 만들어야 한다. 폭이 넓고 중간에 모래톱이 많은 강은 여러 갈래로 흐르는데, 하늘에서 내려다보면 꼭 땋은 머리 모양 같아서 이런 이름을 붙였다. 이렇게 생긴 강을 Braided River라 하고, 그물처럼 얽혀 있다는 뜻에서 망상 하천, 뜨개질형 하천으로 번역한다. 강 한가운데에 있는 모래톱을 우리말에서는 강 속에 떠 있는 섬이라고 해서 '안섬', 모래가 물 밖으로 등을 드러낸 것처럼 보여서 '모랫등', 한자어로는 '하중도(河中島)'라고 한다. 한강의 여의도나 밤섬, 낙동강의 을숙도가 가장 잘 알려진 하중도인데, 엄밀히 따져 말하면 강중 모래톱인 셈이다.

강이 바다와 만나는 강어귀에 생성되는 모래톱을 Mouth Bar라 하는데, 주로 비옥한 충적평야인 삼각주가 있는 큰 강에 생긴다. 인도의 갠지스 강, 미국의 미시시피 강처럼 거대한

한강의 하중도 밤섬

강들은 하구에 이르면 스스로 쏟아 낸 퇴적물 때문에 실핏줄처럼 수많은 갈래로 나뉜다. 각각의 흐름이 바다와 만나면서 운반해 온 토사를 내려놓는데 이것이 쌓여서 물 밖으로 드러나면 Mouth Bar가 된다. 한반도에서는 낙동강 하구의 도요등, 백합등을 이 유형에 속하는 모래톱으로 볼 수 있다. 우리도 굳이 모래톱을 영어식으로 세분하자면, 강변 모래톱, 강중 모래톱, 강어귀 모래톱으로 부를 수 있지 않을까?

굽이치고 휘는 물의 노래

경상북도 영주시 문수면, 내성천이 흐르는 무섬 마을에 가면 아름답게 구부러진 다리를 볼 수 있다.(92~93쪽 사진 참조) 마을을 휘감아 도는 강물처럼 다리가 좌우로 너울거린다. 옛날에 마을 사람들은 다리를 곧바르게 놓지 않았다. 모래톱 위를 휩쓰는 장맛비를 견디려면 직선보다는 곡선 다리가 더 좋다는 것을 잘 알고 있었다. 수백만 년 지

3 뱃속에 사막을 품고 흐르는 강

쿠바의 대표적인 곡류 카우토(Cauto) 강

속된 강의 흐름도 자연스럽게 곡선을 이룬다. 자연 상태에서 직선으로 흐르는 강은 아주 드물다. 대평원 위로 흐르는 미국의 미시시피 강, 열대우림 위로 흐르는 남미의 수많은 강은 산이 없는 평지에서도 자연스럽게 구부러진다.

흐르는 물은 저항을 최소한으로 줄이고 에너지를 고르게 분산하는 과정에서 바로 휘어 가는 여정을 택한다. 곡류를 뜻하는 사행천 (蛇行川)은 뱀이 구불구불 기어가는 것처럼 물이 흐른다고 해서 붙은 이름이다. 평야 위로 곡류하는 하천을 자유 사행천이라고 하고, 한반도의 하천처럼 산을 끼고 구불거리며 흐르는 것을 산지 사행천이라고 한다. 영어로는 사행천을 Meander라고 하는데 그 어원은 그리스어에서 나왔다. 그리스의 지리학자 스트라본은 당시 소아시아, 지금의 터키에 있는 미앤더(Meander) 강의 구불구불한 모양과 닮은 형태를 일반명사처럼 Meander라 부른다고 썼다. 그런데 강은 왜 구부러지는 것일까?

높은 산에 있는 강의 출발점과 강이 바다로 흘러 들어가는 하구에 있는 종착점, 이 두 점을 잇는 가장 짧은 선은 당연히 직선이다.

운동과 에너지의 효율성만 따진다면 모든 강은 직선으로 흘러야 할 터이다. 그런데 강은 직선 경로를 선택하지 않고, 즉 출발점과 종착점 사이의 최단선을 택하지 않고, 불규칙한 곡선 경로로 흐른다. 그 이유와 원리는 명확히 밝혀지지 않았다. 위대한 물리학자 아인슈타인도 1926년 발표한 짧은 논문 「강의 흐름에서 사행천이 형성되는 원인」에서 그 비밀을 밝혀 보려 했지만 결과는 만족스럽지 못했다. 오늘날의 지리학자나 지형학도 "잘 모른다."라거나 "강이 그렇게 흐르고 싶어서."라는 대답 외에는 딱 부러지는 결론을 내리지 못하고 있다.

일반적인 추론은 이렇다. 강이 최초로 물길을 그리며 흘러갈 때 그 앞에는 곧은 흐름을 가로막는 수많은 요인이 나타난다. 한강처럼 겉으로 보기에 아무런 저항도 받지 않고 거침없이 흐르는 강물은 자연 상태에서 그리 많지 않다. 물은 늘 저항과 마찰에 직면한다. 물이 흐르는 강바닥 자체가 마찰을 일으키는 장애물이다. 게다가 돌멩이부터 바위까지, 그리고 언덕, 비탈, 산, 절벽 등을 만나면서 강의 여정이 복잡해진다. 개울, 시내에서 시작된 강은 앞에 버티고 있는 장애물의 약한 틈을 찾아서 길을 만들고, 뚫기 힘든 상대를 만나면 옆으로 돌아가면서, 오랜 시간에 걸쳐 넓고 구불구불한 물길을 형성한다.

히말라야산맥이나 안데스산맥의 험준한 봉우리들은 급류를 콸콸 쏟아 내며 위용을 자랑한다. 반면 한반도의 지형은 어느 하나가 너무 세서 다른 것을 압도하거나 지배하지 않는다. 산은 강에게 넉넉한 틈을 주고 부드럽게 걸친다. 강은 산을 휘감으며 에둘러 간다. 위성지도에서 금강, 낙동강, 한강 등 한반도의 어느 강이든 찾아 그 흐름을 따라가 보라. 수학 시간에 배운 사인, 코사인 함수 그래프처럼 강이 꼬부랑꼬부랑, 휘뚤휘뚤, 어뜩비뜩하게 기어가는 장면을 볼 수 있다.

이 땅의 문인들에게 굽이치는 강, 즉 곡류는 한자 그대로 노래 곡(曲)을 뜻하기도 했다. 강의 노래는 아름답게 흘러 편안한 모래 쉼터에서 끝나곤 했다. 조선 중기 문신이면서 퇴계 이황의 주리론을 계승하여 영남학파의 맥을 이은 성리학자 학봉(鶴峰) 김성일(金誠一)이 쓴 한시에도 곡류천과 모래톱이 등장한다.

아름다운 골짜기는 가히 천 번 겹치니	玉峽應千疊
차가운 시내는 얼마나 굽이쳐 흐르겠는가	寒溪幾曲流
외딴 마을은 골짜기 입구에 자리하고	孤村當谷口
높은 정자는 바윗돌에 의지해 있네	危榭倚巖頭
울타리에서는 구름 속의 개가 짖는데	籬吠雲中犬
모래밭 위에서는 바다 갈매기가 졸고 있네	沙眠海上鷗
찾아온 손님은 가지 않고 앉아 있는데	客來仍坐久
봄 햇살은 모래톱 위로 떨어지는구나	春日下汀洲

― 김성일, 「방대정(方臺亭)에 제하다」, 『학봉집』 1권

물이 상류에서부터 머금고 온 모래 알갱이들은 곡류의 유속이 느려지는 안쪽 가장자리에 쌓여 사주(沙洲), 즉 모래톱을 만든다. 곡선의 강 흐름이 만들어 낸 모래톱은 둥글둥글하면서도 울퉁불퉁한 얼굴을 하고 있다. 원래 한반도의 강과 내는 칼로 자른 듯이 매끈하고 매몰찬 표정을 지을 줄 모른다.

강, 침식물의 컨베이어 벨트

강이란 무엇일까? 발원지에서 출발한 물이 지표면의 일정한 통로를 이동하면서 장애물을 깎아 내고 그 부산물을 짊어지고 내려놓는 연속적인 흐름이다. 흙 위에 빗방울 하나만 떨어져도 자국이 생긴다. 하물며 큰물을 지고 비탈을 내려가는 흐름은 주변에 더 큰 변화를 불러오지 않겠는가? 그 과정에서 흐르는 물과 물길은 끊임없이 물질을 주고받으며, 즉 침식하고 퇴적하며 상호작용을 한다. 그러면서 서로를 변화시킨다. 강은 늘 일을 하고 있다. 물만 흐르는 것이 아니라 물이 깎아 내고 실어 온 물질을 도중에 분배하고 다시 받아들인다. 물만 가득 찬 강만 보고 자라 온 우리는 좁은 식견으로 강은 단지 흐르는 물일 뿐이라는 고정관념을 갖는다. 강을 이동, 침식, 퇴적의 다각도에서 봐야 현재 4대강에서 자행되고 있는 반(反)자연적인 토목공사가 얼마나 위험하고 무모한 것인지 이해할 수 있다.

지형학자들은 일반적인 강의 흐름을 다음과 같이 세 과정으로 나눠 생각한다. 상류 — 큰비로 발생하는 산사태, 계곡의 급류 등으로 산 표면이 깎이면서 침식이 일어나는 과정. 중류 — 상류의 침식물을 운반하면서 동시에 강바닥과 강변을 침식하고 그 부산물을 이동시키는 과정. 같은 상태의 지류가 중하류에서 합류함. 하류 — 운반해 온 침식물을 강어귀와 바다에 퇴적하는 과정.

강이 이런 과정을 견딜 수 있는 동력은 상류의 고도에서 얻은 에너지로부터 나온다. 물은 지구의 중력 때문에 낮은 곳, 일반적으로 해수면 높이로 이동하려고 한다. 물이 높은 곳에서 낮은 곳으로 흐르

　　　　　　　3 뱃속에 사막을 품고 흐르는 강

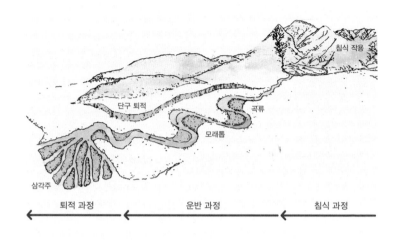

침식 작용

단구 퇴적　　　　곡류

모래톱

삼각주

← 퇴적 과정　　　← 운반 과정　　　← 침식 과정

강의 침식-이동-퇴적 과정

면서 위치에너지가 운동에너지로 바뀌고, 그 과정에서 물길 주변을 침식하고 부산물을 운반한다. 개울, 시내, 강은 물만의 흐름이 아니다. 물은 혼자 가는 법이 없다. 물길 중간에 있는 흙, 모래, 자갈을 친구로 데려간다. 앞서가는 물이 떨어뜨린 놈을 뒤따르는 힘센 흐름이 다시 일으켜 세워 어깨동무해서 가기도 한다. 함께 가다 지치거나 유속이 느려지면 무거운 놈부터 내려놓는다. 물살이 온 힘을 다해도 움직일 수 없는 작은 바위나 자갈은 강바닥에 자리를 틀고 앉아 흐름에 저항한다. 그것들이 버티는 만큼 물살이 느려지고, 그 위로 잔자갈과 모래가 쌓여 점차 물 밖으로 얼굴을 내민다. 이렇게 모래톱, 자갈톱이 생긴다. 해녀가 물질하는 것처럼 물살은 가라앉은 것들을 들었다 놓으면서 새로운 대지의 얼굴을 만든다.

한반도 곡류와 모래톱, 그 밀접한 관계

한반도를 위아래로 관통하는 고속도로를 타고 달리다 보면 주변이 온통 산이라는 것을 알 수 있다. 국토의 70퍼센트가 산지라는 것을 실감하게 된다. 한반도의 강은 산과 산 사이로 흐른다. 평탄한 들판을 흐르는 강은 아주 드물다. 우리네 강은 노년기지형의 야트막한 산과 산 사이를 휘감아 도는 산지 사행천이다. 지형학에서는 전문 용어로 감입곡류(嵌入曲流)라고 한다. '감(嵌)'은 산골짜기를 뜻하는데 감입곡류는 말 그대로 산과 산 사이, 골짜기를 지나 구불대며 흐르는 강이다. 유럽과 북미의 강은 중하류에서 평야 위를 활주하다 바다로 빠져든다. 하지만 한반도의 강은 지형적 특성상 하류까지도 산 사이 골짜기와 분지를 뚫고 지나간다. 이런 산지를 흐르는 곡류에서는 평지를 흐르는 것보다 침식과 퇴적 작용이 더 활발하다.

한국교원대 조헌 박사는 몇 년간 남한강, 금강, 낙동강, 섬진강 현장을 정밀 연구해 발표한 박사 학위논문 「사력퇴를 통해서 본 한국 산지 하천의 지형 특색」(2009)에서 한국의 하천에 왜 모래톱, 자갈톱 같은 퇴적 지형이 잘 발달하는지 상세하게 밝히고 있다. 조 박사의 논문을 알기 쉽게 간단히 요약하면 이렇다. 하천의 침식 및 퇴적 능력은 강이 흐르는 길인 '하도', 강에 빗물과 각종 물질을 공급하는 '유역'의 지질 특성, 강물의 흐름인 '유수(流水)'에 따라 달라진다.

세 가지 조건의 특징을 정리하면 첫째, 한반도 지각을 구성하는 다양한 땅덩어리, 즉 지괴가 지속적으로 완만하게 융기하면서 각기 다른 방향으로 엇갈려 터지면 그 사이에 깊은 틈, 즉 단층선(또는 구조선)이 발달한다. 진흙 바닥이 마르면서 거북 등처럼 갈라지는 장면을 연상하면 된다. 복잡하게 갈라진 틈은 주변 산지보다 고도가 낮기 때문에 강물이 흐르기 좋은 길, '하도'가 된다. 둘째, 강이 통과하는 유역의 지질 특성에 따라 침식되고 운반되는 물질의 종류가 달라진다. 화강암 지대에서는 모래, 퇴적암 지대에서는 자갈이 많이 공급된다. 특히 대륙성기후에 가까운 한반도에서는 겨울에 기온이 영하를 오르내리는 경우가 많아 암석의 동파(凍破) 작용이 활발하여 풍화가 잘된다. 암석이 풍화하는 지역을 지나는 강에 많은 물질이 공급될 수 있는 조건이 갖춰진 셈이다. 셋째, 기후상으로 계절별 강수량 차이가 커서 강물의 유량 변화가 심하다. 강물이 장마나 집중호우로 갑자기 불어나면서 침식되고 운반되는 양이 확 늘어나는데, 얼마 지나지 않아 강물이 줄어들면 중간에 퇴적하는 양도 그만큼 많아진다. 이런 세 가지 조건 아래 형성돼 흐르는 한반도의 곡류는 주변에 모래톱과 자갈톱을 많이 거느릴 수밖에 없다.

삶의 터전, 모래톱

평생을 낙동강 주변에서 산 김정한의 소설 「모래톱 이야기」에는 "낙동강 하류의 어떤 외진 모래톱"을 터전으로 삼아 살아가는 사람들의 고단한 삶이 그려져 있다. 1960년대 중반 부산의 한 중학교에서 교편을 잡고 있던 주인공이 모래톱에서 농사를 짓는 한 학생의 가족을 방문하면서 이야기가 시작된다. 지금은 다리가 놓여 있지만 그 당시에는 을숙도에서 한 번 더 강을 건너야 갈 수 있는 명지는 부산

소설 「모래톱 이야기」의 배경인 부산 명지 모래톱

에서 오지 중의 오지였다. 주인공은 나룻배를 타고 통학하느라 지각
이 잦고 비가 많이 오면 결석을 하는 건우를 따라 조마이 섬을 찾아
간다. 낙동강이 수십 만 년 동안 토해 놓은 토사가 쌓여 만들어진 섬
에 주민들은 보리와 푸성귀 따위를 심고 갯벌에서 조개와 재첩을 캐
서 먹고 산다.

　주인공은 건우의 할아버지에게서 조상 대대로 부쳐 먹고 살아
온 이 땅의 억울한 사연을 듣는다. 일제강점기 때는 일제가 토지조사
사업을 벌이며 모래톱을 빼앗아 동양척식주식회사와 일본인에게 불
하했고, 해방 이후에는 힘깨나 쓰는 국회의원과 하천부지 매립 허가
를 받은 유력자에게 모래톱이 넘어갔다. 소설 중반부에서는 선조 때

부터 "젖줄같이 믿어 오는 낙동강 물이 맨들어 준 우리 조마이 섬"에서 주민들을 내쫓으려는 유력자와, 그들에 맞서 싸우는 주민들 간의 갈등이 절정으로 치닫는다.

소설의 마지막 부분에서는 수십 년 만에 큰 홍수가 나서 조마이 섬을 뒤덮는다. 작가는 모래톱 지형과 그에 얽힌 기후 현상인 장마, 그로 인한 홍수를 통해 이 땅의 본질이 무엇인지 암시한다. 물이 빠진 뒤 토사로 뒤덮인 땅을 개간하고 살아온 이들이 땅의 진짜 주인임을 말이다.

「모래톱 이야기」의 작가는 지리학자나 지형학자가 아니지만 그 땅이 어떻게 생성됐고 어떻게 쓰였는지 잘 알고 있다. 한반도 강변의 마을과 소읍은 모두 하나같이 모래톱을 개간하고 둑을 쌓아 강의 범람을 차단한 터전 위에 서 있다. 유명한 하회 마을, 회룡포 마을, 무섬 마을 외에도 지도에 보이는 강변 농토와 큰 취락지는 원래 물이 넘쳤다가 빠졌다가 하는 과정이 되풀이됐던 땅이었다. 그러니까 모래톱은 강이 휘돌아 가면서 주변의 땅에 주는 선물이었다.

모래 위에는 수백 년 동안 '사람'이 살았다

모래톱에는 처음엔 모래만 가득하지만 세월이 지날수록 달뿌리풀처럼 수륙 양쪽에서 모두 자랄 수 있는 식물이 뿌리를 내리고, 그 위에 강이 실어 온 진흙이 쌓이면서 다른 식생도 자랄 수 있는 환경이 조성된다. 강 굽이 제일 안쪽의 모래톱을 끼고 있는 땅은 퇴적물이 쌓이는 범람원으로 유기물이 많아 농사가 잘된다. 그 땅은 개간을

거쳐 차차 농토로, 집
터로, 마을로 변한다.
이렇게 터를 잡고 수
백 년 대를 이어 온
마을이 한반도 곳곳
에 즐비하다. 모래의
강, 모래톱을 내려다
보는 풍광 좋은 곳에
는 정자와 서원이 들

경상남도 합천군 율곡면 제내리 모래톱 농토

어섰고, 마음을 다스
리고 우주의 이치를 깨치려는 도학자들이 치열하게 사유를 펼쳤다.
도산서원, 병산서원, 도정서원 등 이름만 대면 알 만한 유명한 서원들
이 모래톱을 굽어보며 서 있다.

　경상남도 합천군 율곡면, 낙동강 지류인 황강이 휘감아 도는
곳에 제내리(堤內里)라는 마을이 있다. 제내리는 제방 안쪽에 생긴 마
을이란 뜻이다. 예전엔 둔치에 밭이 있다 하여 둔전골이라 불렀다.
1960년대에 제방을 쌓았는데 그전에는 마을이 자주 물난리를 겪었
다. 범람한 강물이 모래톱을 개간한 밭을 뒤덮었다가 빠지는 일이 반
복됐다.

　오래된 모래톱 마을에서는 대부분 흙을 가져다 돋우는 '성토(盛
土)'를 통해 강 수위보다 높은 곳에 농토나 집터를 마련해서 홍수를
피했다. 하지만 제내리는 워낙 저지대라 제방을 쌓고 나서야 침수에
서 해방될 수 있었다. 요즘에는 모래땅 위에 화강암 풍화토인 마사토

를 깔고 주로 딸기를 재배한다. 물론 지금도 밭을 파 보면 몇 미터 깊이까지 쌓여 있는 모래를 볼 수 있다.

　낙동강 주변의 모래 퇴적물이 얼마나 많고 두꺼운지를 알려면 농지개량을 하고 있는 땅을 찾아보면 된다. 경상북도 상주시 사벌면의 한 밭에서는 깊이 10여 미터가 넘게 쌓여 있는 모래를 파내고 그 대신 근처에서 퍼 온 흙을 넣고 있었다. 골재 채취 업자가 모래를 파내서 판매하고 거기에 흙을 채워 주는 방식을 거쳐, 논농사에 적합한 토양으로 전환되는 것이다.

　낙동강 본류의 둔치를 잘 살펴보면 모래와 자갈이 층층이 쌓인 절벽을 만날 수 있다. 4대강 공사로 무너져 내린 곳이 많아 전보다 더 많이 눈에 띈다. 바닥부터 모래와 잔자갈이 시루떡처럼 켜켜이 쌓여 올라간다. 강이 오랜 세월 실어 와 강변에 토해 놓은 퇴적물의 단면이다. 어떤 곳은 두께가 20미터가 넘기도 한다. 모래층 사이로 흘러나온 지하수가 낙동강으로 합류하는 모습도 보인다. 낙동강 본류를 준설해서 수위가 낮아지자, 주변의 지하수가 강 높이를 유지하기 위해 빠져나오는 것이다. 경남 창원시와 함안군에서는 낙동강 주변의 모래층이 품고 있는 강물을 뽑아서 상수(上水)로 이용한다. 모래층에서 자연 여과된 깨끗한 물을 간단히 처리만 해서 바로 식수로 마실 수 있다.

　이렇듯 영남의 강과 함께하는 모래는 인간의 삶에 필수적인 존재다. 모래톱은 강과 강둑 바깥의 습지를 연결하는 생태계의 완충지대 역할을 하고 사람들에게는 삶의 터전을 제공한다.

모래강으로의 초대

조선 후기의 문신 미수(眉叟) 허목(許穆)은 단양 부근의 남한강을 둘러보고 쓴 기행문에서 우리 강의 특징을 정확하게 파악하고 이렇게 적었다.

물이 꾸불꾸불 감돌아 흐르는데, 바위가 있고 얕은 곳에서는 여울이 되고 제자리에 고여 있고 깊은 곳에서는 못이 된다. 파란 물이 끝없이 맑고 바위 사이사이에 돌다리와 모래사장이 있는데 모두 곱고 깨끗하여 볼 만하다.

— 허목, 「단양 산수기(丹陽山水記)」, 『미수기언』 중에서

구불구불 흐르고, 여울과 못이 있으며, 모래사장이 고운 한반도의 강. 모래사장을 만들고 남은 모래 알갱이들은 거센 물살을 타고 강어귀와 바다를 향해 굴러간다. 강물이 바닷물과 합쳐지는 곳에서 두 물이 만나고 부딪혀 속도가 줄어들면서 수많은 진흙과 모래가 바닥에 가라앉는다. 아무리 강어귀의 수심이 깊어도 이런 식으로 오랜 세월 운반물을 뱉어 내면 새로운 땅이 솟아나지 않을 수 없다. 이집트문명을 낳은 나일 강 삼각주와 금관가야의 터전이었던 낙동강 삼각주가 이렇게 태어났다. 강어귀에서는 짧은 기간에 새로운 모래톱이 생기는데, 이 모래톱들이 연결되고 그 위에 고운 흙이 쌓여 장기적으로는 삼각주가 되는 것이다.

낙동강 하구에서는 최근까지도 새로운 모래톱들이 머리를 들고

있다. 맹금머리등, 새등, 도요등, 백합등, 갈매기등의 정겨운 이름이 붙은 이 모래톱들은 1980년대부터 물 밖으로 나타나기 시작했다. 학자들은 이 모래톱들을 1986년 낙동강 하굿둑이 건설된 후 생긴 자연환경 변화의 산물로 보고 있다.

강은 산에서 쓸려 온 모래를 품고, 모래톱은 강물을 머금는다. 한반도의 산, 강, 모래톱은 서로를 끌어당긴다, 마치 연인처럼. 모래톱은 장마철이나 우기, 강이 범람할 때에는 물속에 잠겨 있다가 비가 적게 내리고 강물이 줄어드는 갈수기에 얼굴을 내밀고 뽀얗게 마른다. 원래 한반도의 강에서는 장마철 빼고는 거의 일 년 내내 햇빛에 반짝이는 모래톱을 볼 수 있었다. 물난리가 나서 강둑까지 온통 흙탕물 천지가 되면 모래톱은 속이 들여다보이지 않는 깊은 물 속에 얼굴을 감춘다. 상류에서 쓸려 온 덤불과 자갈, 진흙과 모래 때문에 수많은 생채기가 나면서 모래톱은 자신의 모습을 새롭게 성형한다. 모래톱이 어떤 표정으로 다시 바람을 맞을지 아무도 예측할 수 없다. 모래톱의 얼굴은 어지럽고 변화무쌍하다. 대지의 가면은 물의 베일을 뒤집어쓴 후에 매번 새롭게 바뀐다. 물이 빠져나간 모래톱에는 갈매기의 날개 같은 무늬가 드러난다. 모래톱의 오목한 자리에 새벽 서리가 내리면 화성의 어느 한 자락에 착륙한 듯한 느낌이 든다.

다른 풍토와 지형에서는 모래가 높이 쌓이면 모래언덕이 형성된다. 하지만 한반도의 강변에서는 가파르게 둔덕진 모래 더미를 발견하기가 쉽지 않다. 강이 끊임없이 모래를 움직이기 때문이다. 강물은 모래 더미의 어느 한 부분이 지나치게 높아지는 것을 허용하지 않는다. 물은 흐름의 무늬를 심도 있게 새길 뿐, 산이나 숲의 위계질서

물이 빠져나간 모래톱에는 물결무늬가 새겨진다.

를 모래톱에 남기지 않는다.

　강의 태반이 모래로 가득한 강, 강 전체가 모래톱인 강도 있다. 이제 우리가 답사할 모래의 강 내성천이 바로 그런 곳이다. 강에 모래가 쌓인 것인지, 모래가 강을 낳은 것인지 알 수 없는 신비한 정경.(108~109쪽 사진 참조) 강바닥 자체가 기다랗게 등을 드러낸 사막처럼 보인다. 다른 곳보다 도드라진 부분을 굳이 모래톱이라 부르자. 높낮이가 다른 수많은 모래톱 사이로 물살이 여기저기 어지럽게 길을 낸다. 약간 높은 모래의 턱에 막혀 잠시 역류하다가 제 방향을 찾기도 하고, 모래톱 사이를 통과한 작은 물살이 큰 물줄기에 합류하기도 한다. 이제, 오아시스가 샘솟아 모래 위로 흐르는, 사막을 품은 강을 만나러 가자.

우리
선조들은
모래톱을
어떻게 표현
했을까?

시의 주요 소재가 되었던 모래강 풍경

음풍농월을 즐기던 고려와 조선의 사대부들에게 강의 풍경은 시의 중요
한 소재였다.

마른 갈대는 저녁 모래톱에 바스락거리고   蒹葭瀝瀝汀洲晚

기러기 떼는 가을 하늘을 가로질러 나누나   鴻雁橫斜澤國秋

— 서거정(徐居正), 『사가시집』 50권 중에서

한국 고전 번역원에서 우리 역대 한문 문장 중 명문을 우리말로 옮겨 구
축한 데이터베이스를 찾아보면 사주(沙洲), 정주(汀洲)를 모래톱으로 번
역했음을 알 수 있다. 위에 인용한 것은 그 당시 사람들에게 친근했던
갈대와 모래톱이 등장하는 서거정의 시이다. 조선 전기의 문신 서거정
은 역대 한문학의 걸작을 모은 『동문선』과 지리지 『동국여지승람』 등을
편찬했는데, 그 자신 역시 뛰어난 시인이었다.

한자 문화권에서는 모래톱을 모래섬이라는 뜻의 사주(沙洲)나, 물가의 섬이라는 뜻의 정주(汀洲)로 표현했다. 도(島)가 보통 바다 한가운데 떠 있는 섬을 의미하는 데 비해, 주(洲)는 두 요소(水+州)를 합친 형성 한자로 강가나 강 한가운데 있는 땅을 가리킨다. 그래서 沙와 洲를 결합한 사주(沙洲)는 모래로 이뤄진 섬, 물가의 모래땅, 모래톱을 뜻하는데 보통 바닷가의 모래톱도 포함한다. 정(汀)은 모래와 잔자갈 같은 퇴적물이 깔려 있는 평평한 땅을 가리키는 글자이다. 그래서 정주(汀洲)는 물가의 땅, 강물 중간의 섬을 뜻하며, 바닷가의 모래톱을 지칭할 때는 잘 쓰지 않는다. 두 글자의 순서만 바꾼 주정(洲汀)은 토사로 이뤄진 섬을 뜻한다.

저(渚) 역시 모래섬, 삼각주를 뜻한다. 앞에 곡(曲)을 붙인 곡저(曲渚)는 굽은 강물을 따라 발달한 모래톱이다. "기러기는 모래톱에 내려앉아 잠을 청하고(平沙依雁宿)"(위건(韋建), 「박주우이(泊舟盱眙)」)라는 중국 당시(唐詩)의 구절에서처럼 기러기와 함께 자주 등장하는 평사(平沙) 또한 평평하게 퍼진 모래, 즉 모래톱을 뜻한다.

큰비가 오면 모래는 작은 물줄기, 시내, 개천을 거쳐 강으로 모인다. 모래의 입장에서는 강에서 몸을 깨끗이 씻는 것이고, 강의 입장에서는 모래를 다른 것들과 분리하는 것이다. 모래는 강을 거치면서 새로워진다. 강을 거쳐 비로소 모래다워진다고 할까.

물이 파동이라면 모래는 입자다. 모래는 부서져 내린 것, 하나하나 독립되고 단절된 것이며, 물속에 쓸려 들어가 낱개로 흩어져 흐른다. 강물이 멈춰서 모래를 내려놓는 순간, 모래는 무리를 이루며 모래톱이 되어 우리 앞에 모습을 드러낸다.

4   모래강의 신비,
내성천

항해 중인 배나 운항 중인 비행기에서 검푸른 물결이 넘실대는 바다를 내려다본 적이 있는가? 이름 모를 거대한 물짐승이 꿈틀대며 흰 포말을 내뿜는 것처럼 거센 파도가 솟구치고, 바닥을 알 수 없는 심연이 서서히 움직이며 나를 따라오는 듯한 느낌. 철학자 니체가 말한 대로 "당신이 심연을 보는 동안, 심연 또한 당신을 보고 있"는 상황. 막막한 심연과 대면하는 것, 깊이를 가늠하기 힘든 바다를 응시하는 것은 유한한 삶을 사는 우리에게 너무 가혹한 일이다.

반면 깎아지른 낭떠러지도 없고 뾰족한 봉우리도 없는 밋밋한 시골에서 바닥을 드러내고 흐르는 강물을 들여다보고 있으면 마음이 편하고 넉넉해진다. 물결의 엷은 막이 매 순간 다른 반짝임을 발하면서 모래 위를 구른다. 몇 시간을 달려가도 대양(大洋)의 표정은 시종일관 거무튀튀한 색인 반면, 모래의 강은 잠시의 대면에서도 형형색색 눈빛으로 우리를 맞는다. 그림으로 치면 물감을 두껍게 바른 유화와 엷은 물감으로 밝게 그린 수채화의 차이라고 할까. 강은 어두운 심연이 아니며, 강물은 낯익은 대지의 얼굴을 말갛게 비춘다.

천천히 흐르는 강은 모래의 그림, 모래의 지도를 그린다. 굵은 모래는 굵은 대로, 가늘고 고운 모래는 또 가늘고 고운 대로, 군데군데 자신의 자리를 차지하고 독특한 무늬를 만든다. 가느다란 띠를 만들기도 하고 부채처럼 퍼져 나가기도 한다. 강이 실어 온 모래 더미가 물살에 깎이며 변하는 모습, 그것은 마치 맨틀 위에서 움직이며 다양한 표정을 짓는 대륙과 느낌이 비슷하다. 수천, 수만, 수억 년에 걸쳐 대륙이 이동하고 뭉치고 흩어지는 것에 비해, 모래톱은 상대적으로 짧은 기간에 생성하고 변화한다는 차이가 있을 뿐이다.

물과 모래의 합창

모래의 강은 겉으로 보기에는 깊지 않다. 바닥이 훤히 드러나 있다. 햇살의 투사각에 따라 시시각각 변하는 물결의 황홀한 몸놀림, 모래 알갱이 하나하나가 들썩대며 춤추는 모습이 아름답게 펼쳐진다. 모래는 그냥 떠내려가는 것이 아니다. 모래는 혀를 날름대는 부드러운 물살의 장단에 맞춰 자신의 작은 몸을 둥실 띄운다. 모래층의 높이에 따라 물의 흐름도 제각각 달라진다. 한 꺼풀만 벗기면 모래만 남을 것 같은 얕은 강물이 있는가 하면, 높은 모래의 단(壇)에 올라탔다가 슬금슬금 내려와 다시 낮게 깔리는 강물도 있다.

강물에 쓸려 온 모래가 뒤따르는 흐름을 가로막아 물이 역류하거나 에돌아가면서 변화무쌍한 무늬를 만들기도 한다. 아주 펑퍼짐한 보자기처럼 펼쳐져 있는 모래는 바람이 살짝 불기만 해도 가냘프게 떤다. 물이 얕으면 얕을수록 바람의 역할은 더 커진다. 낮게 깔려 불어오는 미풍에도 황홀한 물놀이가 펼쳐진다. 거기다 햇살이 가세하면 모래알과 잔물결이 동시에 황금빛을 발하며 몸을 떤다.

설악산이나 금강산에서 쏟아져 내리는 격류의 바닥에는 꿈쩍도 하지 않는 바위나 센 물결에 마지못해 뒤척이는 자갈이 박혀 있다. 물살이 거칠고 빠르다. 물소리도 세고 우렁차다. 산과 계곡의 교향악이 쩌렁쩌렁 울려 퍼진다.

반면 모래강은 느리고 차분하게 흐른다. 속마음을 털어놓을 때 속삭이듯이 물소리도 잔잔하다. 모래의 강을 여행하는 것은 예민한 현악기들이 앙상블을 이루는 차분한 실내악 연주를 들으러 가는 것

과 같다. 그렇다고 강물이 얄팍하게 트레몰로로 신경을 건드리는 것
도 아니다. 모래의 묵직한 울림통이 빛과 물결의 떨림을 차분하게 받
쳐 주기 때문이다.

목표와 완성을 탐내지 않는 길

모래강에서 우리는 그 흐름 속으로 들어가, 흐름의 일부분이 되
어 함께 갈 수 있다. 강물의 흐름과 동떨어지지 않고 강과 내가 분리
되지 않고 함께 흐르는 것, 그것이 모래강 답사의 장점이다. 잠시이긴
하지만 내 발걸음이 모래톱 위에 길을 내면서 강물처럼 흘러간다. 물
이 모래 속으로 스며드는 것처럼 내딛는 발이 모래 위에 흔적을 남긴
다. 약한 물살을 헤치는 내 두 다리는 차안과 피안을 교대로 건너게
해 주는 교각(橋閣)이다. 강과 만나지 못한 채 시퍼런 강물을 가둬 놓
은 인공 제방 위를 걷거나, 다리를 이용해 강을 건너뛰는 것과는 전
혀 다른 체험이다.

모래의 강을 걷고 따르는 길은 등산로와도 다르다. 산을 오를 때
에는 분명한 목표가 있다. '정복'이라는 낯 뜨거운 표현을 자연이 허락
한 적도 없는데 사람들은 산꼭대기를 디디거나 찍고 내려오기 위해
산에 오른다. 하지만 모래강은 정복이나 완수의 대상이 아니며, 모래
강 순례는 모래와 물과 동행하는 행위이다. 그것은 올레길이나 둘레길
을 걷는 일과도 다르다. 둘레길 걷기는 말 그대로 한 바퀴 돌고 마치
는 순환의 의미이다. 하지만 흘러가면 그만인 강물, 강물이 떨어뜨린
모래, 이 둘의 공존 속을 잠시나마 걷는 일은 조화와 모순을 동시에

맛보는 진기한 체험이다. 모래강 순례에서는 한꺼번에 욕심을 내서 주파하지 않는다. 강을 걷다가 다시 지상으로 올라와 잠시 이동한 후 다른 흐름을 찾아 들어간다. 이것을 반복하다 보면, 직선이 아니라 실선으로 이어진 단속(斷續)의 묘미를 느낄 수 있다. 강에 접속했다가 잠시 밖으로 나와 방전되고, 동행과 이별, 획득과 포기를 넘나드는 과정의 연속. 이를 통해 우리는 삶을 다시 볼 수 있는 힘을 얻는다.

짧은 시간에 많은 것을 보고 여기저기 다니지 않으면 직성이 풀리지 않는 이들에게는 모래강 순례가 잘 맞지 않을 수도 있다. 기암절벽의 웅장함도, 울창한 숲의 향기도, 급류 타기의 전율도 없다. 물과 모래의 조합은 어떻게 보면 무미건조하다. 하지만 여행에서마저 속도의 자극이 극에 달해 심신이 지쳤을 때 단순하고 소박한 풍경 속으로 느릿느릿 침잠하면서 새로운 일깨움을 얻는다. 2000년 초에 유행했던 말, 프랑스 철학자 피에르 상소의 "느리게 산다는 것의 의미", 그 진수를 모래강에서 체험할 수 있다. 슬로 워커(Slow Walker), 모래가 우리를 천천히 걷게 만든다.(118~119쪽 사진 참조) 모래강 내성천과 함께, 물과 모래를 느끼며 천천히 걸어 보자.

한반도 모래강의 원형
내성천을 거닐다

한반도 모래강의 원형이라고 할 수 있는 내성천은 낙동강의 지류로, 경상북도 봉화군,

영주시, 예천군을 관통하며 흐른다. 총 110킬로미터의 여정을 거치며 1800제곱킬로미

터의 유역에서 끊임없이 토사를 공급받아 모래의 강으로 탈바꿈한다.

운포구곡(雲浦九曲)의 비경

강은 아홉 번 굽어야 비로소 강이라 하던가? 한자 문화권의 문인, 학자들에게 구(九), 아홉이라는 숫자는 남다른 의미였던 모양이다. 십 단위로 올라가는 디딤돌이면서 채움과 완성 바로 직전 단계라서 더더욱 충만을 상징하는 숫자. 그래서 굽이치는 강물의 행로를 표현할 때 숫자 구가 유난히 많이 쓰였다. 실제로 대여섯 번 혹은 열 번 이상 굽었어도 육곡(六曲), 십곡(十曲)이라 하지 않고 굳이 구곡(九曲)이라 고집한 경우가 많다. 방향을 바꿔 꺾이는 흐름[曲]과 가득 채운 뒤 다시 시작하는 숫자[九]가 궁합이 맞다고 본 것이다. 그래서 두 글자를 합쳐서 숱한 구곡을 만들었다.

성리학의 아버지 주자는 신선이 산다는 푸젠 성의 우이 산을 돌아보고 「무이구곡(武夷九曲)」을 지었다. 주자의 학통을 이은 조선의 선비와 처사 들은 은거하던 산천의 비경 곳곳에 아홉 굽이, 즉 구곡을 헌사했다. 퇴계 이황이 살던 경북 안동의 도산구곡(陶山九曲), 율곡 이이가 머물던 황해도 해주의 고산구곡(高山九曲), 경북 경주의 옥산구곡(玉山九曲), 경북 문경의 쌍룡구곡(雙龍九曲), 충북 단양의 운선구곡(雲仙九曲) 등 학파의 거두부터 지역의 알려지지 않은 문사까지 강 풍경의 수려함을 아홉 굽이로 표현했다.

우리가 답사할 내성천도 예외가 아니어서 이곳에 낙향한 인동 장씨 가문의 한 선비가 울림도 멋들어진 운포구곡(雲浦九曲), '구름이 드나드는 아홉 굽이'라는 칭호를 바쳤다. 구름이 봉우리에 걸릴 정도로 산세가 험하지는 않지만 내성천의 아침 안개는 높은 하늘의 운해가 강림한 듯 두껍고 짙다. 내성천에 구름의 호를 부여한 이는 영주시 평은면 금강 마을에서 태어나 자란 와은(臥隱) 장위항. 그가 남긴 『와은집』에는 평생 곁에 두고 산 아홉 굽이, 우천(愚川), 송사(松沙), 용추(龍湫), 전담(箭潭), 운포(雲浦), 구만(龜灣), 금탄(錦灘), 동저(東渚),지포(芝浦)가 아름다운 노래처럼 실려 있다.

얼마 남지 않은 순례 기간
2011년 가을부터 2013년까지

독자들이 이 책을 손에 쥐고 모래강 순례를 할 시점은 2011년 가을부터다. 한여름 더위가 한풀 꺾이는 9월 중순부터 단풍이 드는 10월 중순을 거쳐 11월 중순까지, 내성천에 봄이 찾아오는 3월 중순부터 5월 중순까지가 답사하기에 가장 좋다. 모래강을 고스란히 느껴 보고 싶다면 2012년 봄이 지나기 전에는 내성천을 찾아야 한다. 2013년 봄까지도 일부 구간 답사가 가능하지만 전 구간은 장담하기 어렵다. 4대강 사업의 일부로 내성천 상류에 건설 중인 영주댐 때문인데, 본류인 낙동강 공사 일정에 맞춰 영주댐 완공 시점이 2012년 말로 예정돼 있다. 2013년 초부터 저수를 시작하면 내성천 상류는 서서히 물에 잠기게 된다. 2011년 7월 현재도 댐 공사장에서 물길을 일부 막아서 하류의 수량(水量)이 많이 줄었고 모래도 많이 유실된 상태다.
영주댐이 완공돼서 본격적으로 물을 담기 시작하면 내성천으로 내려오는 물도 잦아들고 모래의 양도 줄어든다. 상류에서 모래 공급이 끊기면 남아 있는 모래는 서서히 쓸려 내려가고 강바닥에 묻혀

내성천을 걷는 답사단

하늘에서 본 내성천

영주댐 공사 현장

있던 자갈이 드러나기 시작한다. 큰비가 내려도 상류에서 쏟아져 나오는 물을 댐이 가둬 버리고 그 흐름을 조절한다. 예전에는 갑자기 불어난 물이 모래 위에서 자라난 식생을 쓸어 버렸고 비가 그친 뒤 다시 뽀얀 모래가 뒤덮였지만, 댐이 완공되면 그런 일이 없어질 것이다. 이런 일이 되풀이되면 몇 년 안 돼 모래톱이 작은 관목과 일년생 풀이 어지럽게 자라는 육지로 변할 것이다. 모래강의 온전한 모습을 눈과 발에 담을 수 있는 시간이 얼마 남지 않았다. 수몰돼 사라질 풍경으로의 여행, 미래의 망각으로 침투하는 순례는 빨리 시작할수록 좋다.

내성천을 답사하려면 언제가 가장 좋을까?

모래강 내성천의 진면모가 가장 잘 드러나는 계절은 봄과 가을이다. 비가 적게 오는 봄과 가을, 강물의 수위가 낮을수록 모래의 풍경이 빛난다. 내성천 유역의 기상을 관측하는 영주 기상대의 자료를 보면 1971년부터 2000년까지 삼십 년 동안 이 지역의 연평균 강수량은 1237밀리미터였다. 그중 67퍼센트인 832밀리미터가 6~9월에 집중해서 내렸다. 따라서 수위가 높아지는 여름철에는 모래톱이 물속에 잠겨 있을 가능성이 많다. 물론 네 달 내내 모래를 볼 수 없는 것은 아니다. 큰비가 내리면 순간적으로 물이 불어나 사나흘간 잠겼다가 다시 얼굴을 드러내긴 하지만 그 때를 맞추기가 쉽지 않다. 무엇보다 비가 내려 갑자기 물이 불어나면 사고가 일어날 위험성이 높아진다. 이때는 강변 가장자리에 모래톱이 살짝 드러나 있다 하더라도 절대 물속으로 들어가서는 안 된다. 물살이 거세기 때문에 휩쓸려 떠내려갈 가능성이 있다.

예전에는 큰비가 오면 강 주변에 사는 사람들이 늘 긴장했다. 지금처럼 제방을 쌓기 전에는 강 주변의 땅이 대부분 범람원이었기 때문이다. 갑자기 큰물이 나면 강은 한없이 커진 몸집을 주체하지 못하고 사방으로 넘친다. 옛사람들이 강을 주기적으로 미쳐 날뛰는 사나운 용에 비유했을 정도다. 예전 기록을 찾아보면 내성천이 넘쳐 주변 농경지에 피해를 입힌 적이 많았던 모양이다. 1936년 8월 13일 자 《매일신보》는 「봉화 내성천 범람, 수방단 소방조 총출동」이라고 보도했다. 그 후 몇 달이 지나 수위가 낮아졌을 때 제방을 다시 쌓는 작업을 시작했다. 그해 12월 22일 자 《매일신보》 기사는 「내성천 제방 다시 보강 공작 실시」라고 알리고 있다. 현재는 4~5미터 되는 높고 견고한 인공 제방이 내성천을 상류부터 하류까지 가둬 놓고 있어, 큰물이 나도 안전하다.

여름철을 피해야 하는 또 다른 이유는 기온이 올라가면서 모래톱에 녹조류, 달뿌리풀 같은 식생이 많이 자라기 때문이다. 걷기에 불편하고 느낌이 찝찝하다. 군더더기 없이 보송보송하고 산뜻한 모래밭의 질감을 즐기려면 역시 봄과 가을이 좋다.

1 위성지도로 강을 탐색한다

실제 모래강으로 답사를 떠나기 전 구글 어스나 포털 사이트의 지도 서비스를 이용해 구부러진 강의 모습을 전반적으로 탐험하자. 위성지도로 강과 산을 내려다보는 재미가 특별하다. 창공을 높이 나는 보라매가 되어 강의 구부러지고 휜 모습, 모래톱과 강물이 대조를 이루고 있는 모습을 조감(鳥瞰)해 보자. 평소 가 보고 싶었던 곳, 관심이 있었던 지역을 클릭해 그곳의 물줄기를 찾아보자. 지도를 이리저리 둘러보면서 어디로 갈 것인지 계획을 세우자.

실제로 한두 번 다녀오고 나면 위성지도에서 내려다보는 강이 더욱 애틋해진다. 위성지도에 남아 있는 강은 적어도 몇 년 전의 기록이다. 우리의 강은 그사이에 너무나 많이 변했다. 지도 위에 선명한 흰 모래톱은 현실에서는 자갈과 잡초가 무성한 황무지로 바뀐 경우가 더 많다. 4대강 후미마다 넓게 펼쳐져 있던 모래톱은 대부분 사라졌다. 그 많던 낙동강의 모래톱도 지도에만 남아 있을 뿐, 현재 어느 곳에서도 온전한 모습을 찾아볼 수 없다.

2 순례할 구간을 정한다

내성천은 110킬로미터나 되는 긴 강이다. 전 구간이 모래 천지는 아니지만 풍부한 모래를 볼 수 있는 구간만 80킬로미터나 된다. 그러면 그중에서 어디를 답사할 것인가? 내성천을 교각을 기준으로 구간별로 끊어서 놓고 보면 순례 일정을 짜는 데 도움이 된다. 강의 위치와 흐름을 파악하는 데 교각만큼 도움이 되는 지물이 없다. 다리를 답사의 기점과 종점으로 잡으면 쉽다. 일단 다리 위에서 강을 조망하며 강물이 흐르는 모양, 물과 모래의 어울림을 잘 살펴본 후 어떻게 체험할 것인지를 결정하면 된다.

3 누구와 함께할지 정한다

마음이 맞는 지인이 있으면 일정을 짜서 대중교통이나 자가용을 이용해 영주나 예천으로 직접 가면 된다. 두세 구간 전체를 걸어서 주파할 계획이라면 최소 1박 2일을 잡아야 한다. 중간에 일부 구간을 건너뛰려면 영주 시내버스나 택시 등을 이용해야 하는데, 시내버스의 경우 하루에 몇 차례밖에 운행하지 않으므로 시간표를 잘 확인해야 한다. 자가용을 타고 달리면서 구간별로 경관을 비교하고, 마음에 드는 구간을 택해 잠시 걷는 방법도 있다.

영주나 예천이 초행길이고 강을 답사하는 것이 처음이라면 단체 답사를 활용하는 것도 좋은 방법이다. 단체 답사 여정이 자신이 원하는 것과 다르다면 사정을 이야기하고 추가해 달라고 부탁할 수도 있다. 2009년 4대강 공사가 시작되면서 여러 환경 단체와 뜻있는 사람들이 4대강 순례를 기획했다. 4대강 공사를 실력으로 저지하지는 못했지만 순례 행렬은 무언의 침묵시위 같은 것이었다.

영주댐 내성천 낙동강 답사기 blog.daum.net/peter1000
경북 영주시 소재 대한 성공회 영주 교회 사제인 천경배 신부가 운영하는 블로그. 내성천을 살리고 보존하기 위해 영주댐 반대 운동, 내성천의 유네스코 문화유산 지정 운동, 내성천의 아름다움 알리기 답사 등의 활동을 하고 있다. 방명록을 통해 천경배 신부에게 문의하면 답사 일정, 장소에 관한 조언을 얻을 수 있다.

우리가 강이 되어 주자 cafe.daum.net/naeseongcheon
경북 예천군에서 농사를 짓고 사는 카페지기 '참한농군'이 내성천에 관한 정보를 올리고 있다. 몇 년 전부터 내성천을 카메라에 담아 온 박용훈 사진작가의 내성천 사진과 구간별 정보도 계속 올라온다. 내성천에 관한 정확한 정보를 얻을 수 있다는 것이 장점이다. 카페에 가입해서 문의를 하면 부정기적으로 있는 답사 일정을 알 수 있다.

4대강 답사 카페 cafe.daum.net/go4rivers
대한하천학회 이원영 교수(수원대)가 운영하는 카페로, 내성천 회룡포, 안동 하회 마을, 낙동강의 보 공사와 습지 파괴 현장을 중심으로 정기 답사단을 모집한다.

강과 습지를 사랑하는 상주 사람들 cafe.daum.net/sangjurnw
수시로 상주 샛강, 낙동강, 내성천 답사 신청을 받아 인원이 차면 답사를 진행한다. 게시판이나 이국진 전 사무국장(010-8969-5051)에게 문의하면 된다.

내성천이 태어난 곳

경북 봉화군

내성천은 소백산 자락인 경상북도 봉화군 옥석산 기슭에서 시작된다. 상류에는 모래
톱이 그리 많이 발달하지 않았으므로 건너뛰어도 무방하다.

내성천 걷기 여행

36번 국도 교각 → **①** 6km → 두월교 → **②** 3.2km → 내명교 → **③** 5.6km → 평은교 → **④** 3km → 평은철교 → **⑤** 9km → 무섬교 → **⑥** 6.5km → 석탑교

석탑교 → **⑦** 6.5km → 오신교 → **⑧** 6km → 보문교 → **⑨** 10km → 오천1교 → **⑩** 16km → 회룡교 → **⑪** 4km → 삼강교

영주시청

괴헌 고택

용각천

내매 교회

버드나무 군락

서천

금광리 마을

평은역

금강 마을 장씨 고택

영주댐 공사 현장

평은철교

무섬 마을

수도리

36번 국도 교각

석포교

두월교

내명교

평은교

평은철교

IC 영주

중앙고속도로

경북선 철로

기곡리

멱실 마을

석탑교

오신교

미호교

장산리

예천군청

신월리

보문교

IC 예천

오신리

학가산 자연 휴양림

도정서원

황지리

종산리

월포리

벚나무길

선몽대

회룡포 마을

뿅뿅 다리

상월리

원곡리

오천1교

회룡교

장송리

대은리

신읍리

장석리

삼강교

회룡포

삼강 주막

삼강 주막 마을

삼강리

낙동강

봉화군 물야면에서 시작된 내성천은 봉화읍을 지난다. 봉화읍에는 내성대교, 봉화대교가 놓여 있는데 다리 위에서 보면 모래톱 한두 개가 강바닥에 퍼져 있는 정도다. 그 밑으로 지천의 생활하수가 들어와 냄새도 나고 물도 탁하다. 특히 4월 들어 날씨가 풀리면서 녹조가 생기는 곳이 많다. 봉화읍 중심지를 빠져나온 내성천은 서북쪽에서 내려오는 지류 낙화암천과 만나 요산 휴게소 옆 작은 보까지 흐른다. 주변에 양계와 양돈 축사가 많아 수질이 별로 좋지 않고 모래톱도 발달하지 않았다. 모래강의 진수만을 맛보고 싶다면 봉화군은 건너뛰어도 좋다. 상류가 어떻게 생겼는지 궁금하다면 등산용 지도를 참고해 옥석산의 발원지를 향해 올라가 볼 수도 있다.

내성천의 발원지를 찾아서

내성천은 강물 속으로 들어가 강의 흐름에 몸을 맡기고 걸을 수 있는 유일무이한 강이자, 한반도의 강 가운데서 표정이 가장 다양한 강이다. 시시각각 모래의 등을 따라 갈라진 물결이 흐르는 곳. 장마철과 집중호우 기간을 빼면 모래가 물보다 더 많은 사막의 물줄기, 모래강의 대명사, 내성천. 여러 문헌에는 서로 다른 곳이 내성천의 발원지로 기록되어 있다. 경북 봉화군이 1988년에 간행한 군지(郡誌)를 보면 내성천의 발원지가 봉화읍 삼계리라고 되어 있으나, 그곳은 현재 밝혀진 발원지보다 한참 아래쪽이다. 『한국민족문화대백과사전』에서는 내성천이 경북 예천군 옥석산에서 발원한다고 기록되어 있는데, 봉화군을 예천군으로 잘못 쓴 것이다. 김정호가 만든 「대동여지도」를 보면 내성천이 문수산(현재의 옥석산) 남쪽에서 발원하여 하류로 가면서 강의 이름이 소천, 사천, 양천, 삼탄으로 이름이 바뀌는 것을 알 수 있다. 현재는 소백산 자락인 경북 봉화군 옥석산 기슭을 내성천의 발원지로 인정하고 있다. 2006년 수자원 전문가 이용수가 GPS 측정기를 통해 발원지가 봉화군 물야면 오전2리 옥석산 산기슭임을 재차 확인했다.

모래강의 진면목을 느끼다
경북 영주시

경상북도 영주시 이산면부터 문수면까지 약 40킬로미터를 내성천이 모래를 품은 채 구불구불 흐른다. 이 구간에는 평은철교, 금강 마을 등 수몰 예정 지역이 많다. 몇 년 후면 기억으로만 남게 될 마지막 모래톱을 걸어 보자.

내성천은 경북 영주시로 들어오면서부터 모래강의 참모습을 보여 준다. 본격적인 답사 구간도 이곳부터다. 영주시 이산면부터 문수면까지 약 40킬로미터를 구불구불 곡류로 흘러간다. 운포구곡의 비경도 이곳에 숨어 있다. 건강한 성인 남자가 평탄한 길을 한 시간에 4킬로미터 정도 걷는다면 열 시간에 주파할 수 있는 거리다. 하지만 현실은 그렇지 못하다. 물살이 세고 수심이 깊은 곳, 댐 공사를 하는 곳, 골재 채취로 모래톱이 긁혀 나간 곳이 있어서 끊기지 않은 단선, 연결선으로 모래강을 순례하기는 무리다. 걷기에 가장 적합하고 모래톱이 아름다운 구간을 선택할 수밖에 없다.

모래를 걸을 때에는 모래를 걸을 때에는 모래의 푹신함과 따스함을 느끼며 맨발로 걷는 것이 좋다. 하지만 상류에서 떠내려온 나뭇가지나 날카로운 암석, 유리병 조각 등에 상처를 입을 수도 있다. 발을 보호하기 위해 물에 젖어도 괜찮은 운동화나 비치화, 아쿠아슈즈를 신고 걷는 것이 좋다. 굳이 발을 적시고 싶지 않다면 마른 모래톱을 따라 걷고, 강물을 건너야 할 경우에는 눈으로 봐서 모래 바닥이 들여다보일 정도로 물이 맑고 얕은 곳을 택하자. 강물이 푸르거나 어두운 곳은 피하는 것이 상책이다. 또 비가 많이 온다는 예보가 있으면 모래강 걷기는 금물이다. 강물이 금방 불어날 수 있으니 아쉽지만 강둑 위를 걸으며 주변 경치를 감상한다.

석포교부터
삼강교까지,
내성천
걷기 여행

🦶 강모래를 밟고 걸으면 좋은 곳

👟 강둑 위로 걷기 좋은 곳

👁 강 주변을 돌아볼 만한 곳

🚗 차로 이동하면서 볼 만한 곳

🕊 건너뛰어도 좋은 곳

모래강의 본질, 모래강이 주는 영감을 느린 속도로 발견할 수 있게 교각을 기준으로 내성천을 나눴다.

내성천 1구간

약 6킬로미터
36번 국도 교각   석포교   두월교

봉화군을 빠져나온 내성천은 영주시 이산면 신암리, 석포리에 접어든다. 행정구역이 달라지면 강도 변하는가 싶을 정도로 봉화군과 영주시의 내성천은 확연하게 다르다. 바로 위인 봉화읍 문단리를 흐를 때에는 통 모래가 없더니, 경계를 넘자마자 모래톱이 보이기 시작한다. 주변의 야트막한 구릉 사이로 오랜 세월 강의 침식과 퇴적으로 형성된 기름진 석포 들판도 보인다.

👟 **36번 국도 교각 → 석포교**

36번 국도 교각 밑에서부터 영주시 이산면 석포리 석포교까지 2.3킬로미터 구간에 제대로 된 모래강이 최초로 등장한다. KBS 「환경스페셜」로 방송된 수달의 모래강 수영과 물고기 잡이를 촬영한 지점이다. 석포리에 사는 수달은 어두워지면 강가 바위틈의 집에서 나와 상류 쪽으로 헤엄쳐 올라가면서 물고기를 잡아먹
는다. 강폭이 상대적으로
좁아 밤에 고라니, 너구리,
살쾡이 등 야생동물의 활동
을 접하기에 좋다. 이 구간
에서는 강 오른편에 나 있
는 둑길을 따라 걸으면서
한적한 시골 정취를 맛보는 것을 추천한다. 굳이 강바닥으로 내려가야 할
정도로 모래톱이 아름답지는 않다. 마을 사람들이 강둑 위를 산책하거나
자전거를 타고 지나가는 모습을 가끔 볼 수 있다.

👁 번개뜰

석포리에는 '번개'라는 재미
있는 지명이 있다. 영주시의
지명 유래 설명을 보면 조
선 시대 의금부 도사 벼슬
을 지낸 '번개공'이 자주 범
람하는 내성천 물길을 돌려
치수를 해서 그의 이름을
따 번개라 했단다. 마을 사람들의 이야기는 좀 다르다. 수십 년 전 홍수가
났을 때 내성천의 물길이 느닷없이 바뀌면서 물이 흐르던 곳이 들판이 됐
다. 어느 날 갑자기 생긴 땅이라 해서 '번개' 들판이라는 이름을 붙였다고
한다. 지금은 그 땅에 주민들이 논농사를 짓고 있다.

▽ 석포교 →
두월교

앞의 구간과 큰 차이는 없다. 강폭은 100미터 내외로 하류에 비하면 좁은
편이다. 물 밖으로 드러난 커다란 모래톱 대신 규모가 작은 모래펄들이 이
어진다. 용케 쓸려 내려가지 않은 잡초들 때문에 모래의 산뜻한 맛이 없다.
실개울이 합류하는 곳에서 둑길이 끊겨 있고, 마을 사람들도 잘 다니지 않
아 잡풀이 높게 자라 있으니 이 구간은 그냥 넘어가도 좋다.

　　　　　　　　　　　　　　4 모래강의 신비, 내성천

내성천 2구간

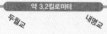

약 3.2킬로미터

두월교   내명교

935번 지방도가 지나는 이산면 두월리 두월교부터 이산면 신천리 내명교까지의 모래톱은 내성천 중하류에서 펼쳐질 장관에 비하면 한참 모자라다. 두월교 위에서 보이는 모래톱 풍경도 별로 추천할 만한 것이 못 된다. 다리를 따라 전선줄이 늘어져 있어 시야를 가린다. 건설 중인 영주댐에 2013년부터 담수가 시작되면 이 구간의 일부가 호수처럼 변한다. 다리 근처의 강둑을 잠시 걷다가 물에 잠기게 될 몇 군데를 둘러보도록 하자.

👁 **폐교 식당**　영주시 쪽에서 오다가 두월교를 건너자마자 도로 왼편에 옛 초등학교 건물이 보인다. 농촌 인구가 줄면서 문을 닫은 학교들은 대부분 지역 예술가의 작업실, 문화 센터나 농촌 체험장으로 활용된다. 그런데 이곳은 특이하게도 운동장이 있는 시골 음식점으로 탈바꿈했다. 식당 간판을 해 달고 건물 내부를 식당으로 간단히 개조했다. 당구대와 탁구대도 설치해서 동네 사람들이 모

이는 곳이 됐다. 시골 학교의 작은 운동장, 나무판자가 깔린 복도, 미닫이 문을 드르륵 열고 들어가는 교실의 옛 추억이 남아 있다. 들러서 구경도 할 겸 간단히 요기를 달래 볼 만하다. 메뉴는 삼겹살과 목살 구이부터 찌개, 순두부 등이 있다. 경상도식 시골 김치와 구수한 장맛이 좋다.

주소: 경상북도 영주시 이산면 두월리 1182 9(옛 두월 초등학교)
전화: 054-634-0474

● **괴헌 고택**　두월교를 건너서 오른편 내성천을 마주 보는 야트막한 언덕바지에 괴헌 고택이 있다. 이곳은 풍수지리상 '소쿠리형', '삼태기형' 명당 터라고 하는데 김경집이 조선 시대 정조 3년(1779년)에 지어서 아들 김영에게 살림집으로 물려준 후 팔 대에 걸쳐 영주 지역 연안 김씨 후손들의 종갓집 역할을 했다. 회화나무[槐]가 많이 있는 집이라는 뜻으로 '괴헌(槐軒)'이라는 이름을 붙였다. 회화나무가 마당에서 자라면 집안에 학문하는 사람이 나오고 재화가 많이 생긴다 하여 양반집에서 많이 심었다고 한다.

이 집은 조선 후기 경북 북부 사대부 가문의 살림집 가운데에서도 구조가 특이하다. 솟을대문을 지나 안으로 들어서면 넓은 마당에 사랑채 관수헌(觀水軒)이 보인다. 집 앞의 내성천을 내려다본다는 뜻으로 붙은 이름이다. 사랑채와 안채가 직각으로 연결돼 있어 건물 위에서 보면 입 구(口) 자의

　　　　　　　　　　　　　　　4 모래강의 신비, 내성천

오른쪽 면이 트인 모양새다. 일반적으로 사랑채는 입 구 (口) 자 밖으로 날개처럼 뻗어 나가는 구조라고 하는데 이 집은 그 틀을 따르지 않았다. 집 안에는 물건을 넣어 두는 고방(庫房) 등 다양

한 수납공간이 있다. 안방에는 피난 다락이, 사랑방 다락 뒷벽에는 은신처가 마련돼 있다. 몸채 오른쪽 뒤편 언덕의 사당에 올라가면 집과 주변 마을을 내려다볼 수 있다.

괴헌 고택도 영주댐 건설로 수몰될 처지다. 이전할 부지가 결정되면 건물을 해체해서 차차 옮길 예정이다. 하지만 지금 보고 느끼는 풍광과 정취를 제대로 살릴 수 있을지는 의문이다.

이백삼십 년 된 고택의 정취를 제대로 느끼려면 하룻밤 묵으면서 한옥 체험을 하는 것이 좋다. 방이 총 7개 있고 열 명 이상 예약하면 종가 음식도 맛볼 수 있다. 전화로 괴헌 고택에 직접 문의해도 되고 영주시청 관광과를 통해서도 예약할 수 있다. 수몰까지 얼마 남지 않은 아쉬운 시간, 옛집에 묵으면서 둑길을 따라 내성천을 산책하는 애틋함은 다른 어떤 여행지도 주지 못할 것이다.

주소: 경상북도 영주시 이산면 두월리 877

전화: 054-637-1755

국가 지정 중요 민속 자료 262호, 경상북도 민속 자료 65호

용각천

두월교에서 약 2.4킬로미터를 내려오면 내성천 지류 용각천이 합류한다. 용각천은 봉화군 상운면과 안동시 녹전면에서 시작된 작은 시내 두 개가 영주시 평은면 천본리에서 합쳐진 하천인데, 내성천의 축소판이라 할 만큼 물이 깨끗하고 모래도 많다. 물길 옆으로 그리 높지 않은 절벽과 울창한 숲이 있어 운치가 있고 공기가 서늘하다. 안타깝게도 최근 돌망태로 둑을 쌓아 놓아서 보기가 안 좋지만 시간 여유가 있을 때 물길을 따라 걸을 만

하다. 특히 3~4월 오후 3~4시쯤에 숲 위로 비치는 햇살이 물결 위로 떨어지는 풍경이 환상적이다.

평은면 천본리 천본교부터 걷는 것이 좋다. 내성천 합류 지점까지는 약 3킬로미터. 모래톱과 얕은 시내를 따라 천천히 걸으면 한두 시간 내외로 주파할 수 있다. 바위 절벽 옆 수심이 깊은 곳은 피해서 걸을 것.

◉ 내매 교회

용각천이 내성천과 합류하는 지점에서 하류 쪽으로 800미터쯤 내려오면 내명교가 보이고 왼쪽에 작은 마을이 있다. 진주 강씨의 조상이 임진왜란을 피해 정착한 뒤 집성촌이 됐다는 곳. 풍수지리적으로 매화낙지(梅花落地, 매화가 떨어지는 형국)라는 명당 자리라고 한다. 홍수가 나도 가축이 매화처럼 물 위에 떠올랐다가 떠내려가지 않는다는 전설이 있다.

지은 지 얼마 안 돼 보이는 빨간 벽돌이 인상적인 내매 교회는 목회 활동을 한 지 백칠 년이나 된 유서 깊은 곳이다. 대한 예수교 장로회 소속으로, 영주 출신인 강신명 목사를 기념해 건립됐다. 강 목사는 일제강점기에 평안북도 선천에서 선교 활동을 시작, 그 후 서울 새문안 교회 담임목사, 연세대 재단 이사장, 숭실대 총장을 역임한 한국 기독교계의 산증인이다. 예전 교회 건물은 한국전쟁 때 불타 없어지고 지금 건물은 세 번째로 지은 것이다. 목사 사택으로 쓰이고 있는 건물은 1910년 설립된 기독교계 사립 초등학교인 내명 학교 자리였다고 한다. 내매 교회 자리 역시 수몰될 예정인데 기독교 문화유산으로 지정받아 이전하기 위해 교회 관계자들이 동분서주하고 있다.

주소: 경상북도 영주시 평은면 천상로 259번길 150-14
전화: 054-637-3082

내성천 3구간

약 5.6킬로미터, 수몰 예정 지역

내명교   평은교

내명교 아래쪽으로 시원한
모래톱이 펼쳐져 있다. 내성천 본
류에 비로소 걸어 보고 싶은 욕구
를 자극하는 풍경이 나타난 것이
다. 강 오른쪽으로 난 한적한 이차
선 도로가 평은면사무소까지 이
어진다. 이 구간에는 5번 국도가
지나는 내성천교, 평은리교도 있
다. 내명교에서 내성천교 못 미치

는 부분까지 걷다가 도로로 올라와 수몰 예정 지역 마을을 둘러보자.

내성천교 밑에는 강은 어디로 갔나 싶을 정도로 모래가 가득하
다. 퍼 담아도 끝이 없을 정도로 넓게 펼쳐져 있는 모래밭에서 영주
시의 허가를 받은 골재 사업체가 모래를 채취하고 있다. 매년 모래를
일정량 파내서 1세제곱미터에 6000원씩 받고 건설업자들에게 넘기는
데, 지자체의 재정에 큰 보탬이 된다고 한다.

내명교 →
내성천교

내명교 아래쪽에서 강으로
내려온 후 오른편에 지방도
를 두고 모래톱을 밟으며
800미터쯤 걷는다. 그러면

왼편에 나무로 뒤덮인 낮은 바위 절벽이 나타난다. 따라오던 둑길도 끊긴 곳. 앞으로도 내성천 곳곳에서 보게 될 구릉성 산지와 강이 만나는 풍경의 예고편이다. 곡류하는 강물이 부딪히는 공격 사면, 침식 작용이 활발하게 일어나는 강의 측방이다. 그 앞에 펼쳐져 있는 너른 모래밭에 앉아 잠시 쉬면서 바위를 희롱하는 물소리를 들어 보자.

🔖 **내성천교 →**
평은리교

안동시와 단양군을 연결하는 5번 국도가 내성천교를 지나고, 그곳에서 500미터만 내려오면 옛 시골 다리인 평은리교가 있다. 콘크리트 속 자갈이 드러나 보이는 오래된 다리다. 폭이 좁아 양쪽에서 마주 오는 차 두 대가 동시에 지나갈 수 없다. 다리 한편 돌담에는 영주댐 건설을 반대하는 주민들의 목소리가 현수막으로 걸려 있다. 다리 위에 서면

포클레인이 모래를 퍼 올리고 덤프트럭이 그것을 분주하게 실어 나르는 모습이 보인다. 수몰된 다음에 그림의 떡이 되기 전에 모래를 한 삽이라도 더 퍼내려는 것이다.

이 구간은 강바닥이 깊이 파여 있어서 위험하다. 안전을 위해 절대로 강물 속으로 들어가서는 안 된다. 모래톱 위에 포클레인 삽 자국이 나 있어 보기 흉한 곳도 많으니 건너뛰어도 무방하다.

◉ 금광리 마을 평은리교에서 내성천 하류 쪽 차도로 2킬로미터를 달리면 평은면사무소와 평은 초등학교가 있는 금광리 마을이 나온다. 수몰을 눈앞에 둔 곳이라 그런지 들어앉은 건물들이 모두 쓸쓸해 보인다. 가끔 오는 버스를 기다리는 정류장에서 손님을 태울 날도 얼마 남지 않았다. 작은 우체국 앞마당에는 마을 특용작물인 마(麻)를 택배로 부치기 위해 쌓아 놓았다. 2011년이 마지막 수확이기 때문에 택배 주문도 끊기고 우체국도 문을 닫아야 한다. 간판 글자의 획이 떨어져 나간 오래된 이발소는 손님이 있을 때에만 문을 연다. 문이 잠긴 이발소의 창문으로 그 안을 들여다본다. 추운 겨울, 나무를 때는 난로 위에서 주전자 뚜껑이 들썩이고, 가죽 의자에 앉아 바리캉으로 뒷머리를 밀던 아이의 모습이 떠오른다. 2011년 말에 다른 곳으로 이주하기 전까지 겨울을 나기 위해 쌓아 놓은 연탄과 장작이 허름한 집 한쪽에 쌓여 있다. 마을 뒷산에 오르면 내성천의 범람원을 길들여 만든 논이 보인다. 마지막 모내기를 마친 논 뒤로 모래의 강이 흐른다.

내성천 4구간

약 3킬로미터, 수몰 예정 지역

평은교   평은철교

지금까지 가장 많은 사람들이 답사를 한 구간이다. 2009년 영주댐과 4대강 공사가 시작되면서 우리의 소중한 하천 환경을 지키고 알려야겠다고 생각한 사람들이 수시로 작은 순례단을 조직했다. 환경 단체나 종교 기관의 주관으로 내성천의 모래 비경을 보려는 소규모 답사단이 평일과 주말에 자주 이곳을 찾았다. 봄가을의 오후 평은교 위에서 내성천 하류 쪽을 내려다보면 운포구곡의 아홉 번째 굽이가 왜 여기서부터 나왔는지 알게 된다. 강바닥까지 내려온 숲 사이로 물과 모래가 함께 부드럽게 휘는 모습에 탄성이 절로 나온다. 운포구곡의 구곡인 지포(芝浦)에 해당하는 이곳에서는 내성천이 앞산에 막혀 물길을 틀면서 절벽 밑에 깊은 소(호수보다 물이 얕고 진흙이 많으며 침수 식물이 무성한 곳)를 만든 뒤 곡류의 진수를 보여 준다. 이 구간에서는 강 위로 모래를 밟으며 걸어도 좋다. 걸으면서 모래와의 대화를 시작하자.

🐾 버드나무
군락

평은교 위에 서서 경치를 내려다본 후, 송리원 휴게소 옆으로 난 길을 따라 강변 모래톱으로 내려간다. 왼편 하류 쪽으로 조금만 내려가면 강둑에 늘어진 왕버들,

갯버들, 수양버들 가지가 보인다. 우리 선조들은 홍수 때 제방의 흙이 유실되는 것을 막기 위해 뿌리가 조밀하고 수분 흡수력이 좋은 버드나무 종류를 많이 심었다. 특히 침식이 심하게 일어나는 곡류의 바깥쪽, 즉 모래가 쌓이는 반대쪽 둑에 집중적으로 나무를 심었다. 둑의 토양 전체를 버드나무 뿌리가 지탱해 주기 때문에 웬만한 물난리는 견딜 수 있었다.

청송군 주산지의 고목 사진으로 유명해진 아름드리 왕버들도 여기서 많이 볼 수 있다. 봄이면 왕버들은 다른 버들 종류보다 늦게 새순이 돋는다. 4월 중순에도 아직 싹이 안 나 몸체는 거무튀튀하다. 강둑에 치렁치렁 가지를 드리운 수목의 차양 밑으로 걸어 보자. 물속으로 드러난 뿌리를 자세히 관찰하면 강도래, 날도래 같은 곤충의 유충들이 많이 붙어 있는 것을 볼 수 있다. 유충들에게 버드나무 뿌리는 편안한 집이면서 먹이를 찾을 수 있는 장소이기도 하다.

맞은편 숲에는 피부가 하얀 은사시나무, 일본잎갈나무, 잣나무가 우거진 숲이 보인다. 수심도 깊지 않으므로 물길을 건너면서 걸어 보자. 10월 중순부터 물들기 시작하는 단풍의 그림자가 모래 위 강물에 비치는 모습은 그 어디에서도 볼 수 없는 진풍경이다.

🐾 동호교

내성천 왼편의 버드나무 군락지에서 하류 쪽으로 400 미터만 내려오면 동호교가 나온다. 다리 오른편 산속에 금광3리 마을이 자리 잡고 있다. 운포구곡의 팔곡인

4 모래강의 신비, 내성천

동저(東渚)에 해당하는 곳이다. 지도에서 보면 마을 동쪽으로 활처럼 휜 강과 모래톱이 마을을 감싸 안은 형국이라 동쪽의 모래섬, 즉 동저라는 이름을 얻었다. 다리 위에 올라 하류 쪽으로 보이는 모래톱의 풍광이 일품이다. 특히 봄가을의 이른 아침, 강을 둘러싼 산 위로 태양이 떠오르면 모래톱이 산 그림자에서 조금씩 벗어나면서 강물이 조금씩 드러나는데, 눈물이 날 정도로 강물이 아름답게 반짝인다. 거기에 아침 물안개까지 조연으로 등장하면 아침나절을 꼬박 모래의 명상에 바쳐도 아깝지 않다.

평은철교   동호교 밑을 지나 오른쪽으로 굽이치는 강을 따라 모퉁이를 돌면 멀리 평은철교가 서 있다. 두꺼운 콘크리트 기둥 위에 놓인 철로는 영주시와 안동시 사이를 오가는 중앙선인데, 화물열차

와 여객열차가 그 위로 지나가는 모습을 자주 볼 수 있다. 아주 먼 곳에서부터 덜컹대는 소리가 나면 곧 철마가 다리 위를 건너리라는 신호다. 다리를 건너는 열차 바퀴 소리가 메아리처럼 먼 산속에 울려 퍼진다. 영주댐에 물이 차면 이곳도 수몰된다. 2014년까지 현재 철로가 철거되고 다른 지역으로 노선이 깔릴 예정이다. 댐이 생기면서 역이 잠기고 철도 노선이 바뀌는 경우는 아주 드물다. 몇 년 후면 깊은 호수가 될 운명의 땅 위에서 철마의 울음소리를 들어 보자.

내성천 5구간

평은철교를 조금 지나면 작은 송리원교가 나온다. 다리 밑에는 자갈과 잡초가 우거져 있으니 건너뛰고 바로 금강교를 건너 금강 마을을 둘러보자. 금강 마을 앞 내성천은 운포구곡의 칠곡인 금탄(錦灘), 즉 비단처럼 아름다운 여울이다. 마을 이름도 비단 금 자를 이어받았다. 금강 마을에서 수도교까지 내성천은 산과 어우러져 산태극수태극의 구불구불한 흐름을 이어 간다.

안타까운 것은 이 흐름이 영주댐 공사로 끊겨 있다는 점이다. 영주댐 공사로 강 곳곳을 파헤쳐 놓아 위험한 지역도 많다. 평은면 용혈리 부근에서 공사가 한창인데, 높이 50미터, 길이 380미터의 영주댐은 2억 톤의 물을 담을 수 있는 크기라고 한다. 저수가 본격적으로 시작되면 상류 쪽으로 500가구, 300만 제곱미터의 땅이 수몰될 예정이다. 최근의 위성지도를 보면 산을 깎고 가물막이를 설치해 놓은 댐 공사 현장 위로 벌써 녹조 낀 물이 괴어 있다. 영주댐으로 수몰될 마을과 산하를 둘러보다 보면 가슴이 먹먹해진다. 댐 건설을 반대하는 현수막이 여기저기 걸려 있고 벌써 빈집이 된 곳도 여럿이라 을씨년스럽다. 공사 현장까지는 차로 이동해서 둘러보고 강으로는 접근하지 않는 게 좋다. 강을 걷는 대신 수몰될 금강 마을에서 내성천을 내려다보자.

4 모래강의 신비, 내성천

◉ 금강 마을

평은철교를 지나 남서쪽으로 내려오던 내성천은 땅 끝머리를 끼고 급선회해서 북쪽으로 흐르다 다시 방향을 꺾기 전 왼편 야트막한 단산(壇山) 기슭에 아름다운 마을 하나를 떨어뜨려 놓았다. 금강교를 건너 들어가면 사백 년 전 조선 세조 때 장여화가 터전을 잡은 이후 인동 장씨 집성촌이 된 금강 마을이 나온다. 태극 문양처럼 산을 휘감아 도는

강이 예천군 회령포, 안동시 하회 마을 못지않게 아름답다.

금강교를 건너 마을에 들어서면 입구에서부터 아담한 사과나무 밭이 우리를 반겨 준다. 5월 초순에 찾아가면 마을 전체에서 하얗게 핀 사과꽃을 볼 수 있다. 예로부터 영주는 사과로 유명했다. 모래 과일〔沙果〕이라는 이름이 괜한 것이 아님을 내성천을 보면 알 수 있다. 배수가 잘되는 모래 토양에서 자란 사과가 맛이 좋다고 한다. 그러나 이곳에서 사과꽃을 볼 수 있는 날도 얼마 남지 않은 것을 문득 깨닫게 되면 괜스레 코끝이 찡해진다.

수몰의 슬픔은 되풀이되는지, 1977년 안동댐이 완공되면서 안동시 월곡면은 행정구역 자체가 없어지고 예안면과 도산면의 많은 마을이 수장됐다. 시인 이동순은 고향을 잃은 주민들의 마음을 「물의 노래」(『물의 노래』, (실천문학사, 1983))로 절절하게 읊었다. "그대 다시는 고향에 못 가리/ 죽어 물이나 되어서 천천히 돌아가리/ 돌아가 고향 하늘에 맺힌 물 되어 흐르며/ 예 섰던 우물가 대추나무에도 휘감기리/ (……) 오늘도 물가에서 잠긴 언덕 바라보고/ 밤마다 꿈을 덮치는 물 꿈에 가위눌리니/ 세상 사람 우릴 보고 수몰민이라 한다"

주소: 경상북도 영주시 평은면 금광리

👁 장씨 고택

내성천이 내려다보이는 금
강 마을 중턱에 경상북도
문화재 자료 233호인 장씨
고택이 있다. 1860년쯤에
지은 가옥으로 안채와 사랑
채가 입 구(口) 자를 이루는
구조가 잘 나타나 있는 조
선 후기 민가 건축의 본보
기다. 팔순이 넘은 김기임
할머니가 여기에 혼자 살고
계신데, 육십 년 정들게 산
집을 떠나고 싶지 않다고
하신다.

금강 마을 뒷산에 서면 내

4 모래강의 신비, 내성천

성천이 내려다보인다. 영주댐이 완성되면 저 물이 불어 집터를 삼킬 것이고 나이 먹은 노인은 집을 떠나야 할 것이다. 햇살을 받고 있는 나무 기둥, 색 바랜 기와지붕, 움푹해진 주춧돌에 물이끼가 낄 것을 생각하면 마음이 편치 않다. 장씨 고택 주변의 큰 나무 몇 그루에는 까치들이 둥지를 틀었다. 높은 나뭇가지에 집을 지은 새들만이 떠나지 않고 물 밑에 잠긴 마을을 지켜 주려나.

주소: 경상북도 영주시 평은면 금광리 840

👁 **평은역**

평은역은 서울 청량리역을 기점으로 하는 중앙선 철도 226킬로미터 지점에 있는 간이역이다. 하늘에서 내려다본 평은역 부근은 거대한 돌기, 거북 머리처럼 생겼다. 그래서 이곳을 거북 구(龜) 자를 써서 운포구곡의 육곡인 구만(龜灣), 거북 모양 물굽이라 했다. 강 주변 터가 넓어서 예전에는 큰 장이 섰다고 한다.

평은역은 2007년부터 여객 취급 업무가 중단돼 여타 시골 역처럼 한산하지만, 화물열차가 하루에도 수십 대 들락거린다. 역 바로 뒤에는 채석장, 콘크리트 재료인 레미탈을 만드는 공장이 있다. 인적은 끊겼지만 시멘트, 자갈, 레미탈을 실어 나르는 화물역으로 기능하고 있는 셈이다. 평은역도 수몰로 사라지는 몇 안 되는 기차역에 들게 됐다. 1986년 충주댐이 생기면서 중앙선 단양역이 물에 잠기자 위치를 옮겨서 단성역으로 바뀐 적이 있다. 평은역도 비슷한 운명을 걷게 될 것이다.

주소: 경상북도 영주시 평은면 문평로 1101-5(금광1리 1040)

영주댐 공사 현장

금강 마을에서 나와 다리를 건넌 뒤 좌회전해서 중앙선 철도 건널목을 건너지 말고 강변도로를 타고 올라가면 영주댐 건설 현장이 나온다. 내성천이 높은 산으로 둘러싸여 있는 운포구곡 최고의 절경인 오곡 운포(雲浦, 구름이 넘나드는 곳)였으나 지금은 기중기, 불도저 같은 중장비가 왕왕대는 공사판이 돼 버렸다. 댐 건설이 시작되기 전부터 환경 단체와 주민들은 내성천의 모래가 줄어들고 생태 환경이 악화되리라는 우려를 표명했다. 건설 사업단은 상류의 모래를 하류로 내보내는 기능을 하는 배사문을 댐에 만든다고 한다. 그러면 모래 유실량을 17퍼센트가량 줄일 수 있다는데 그 효과는 미지수다.

차에서 내리거나 주변을 둘러보고 있으면 안전사고를 이유로 경비 직원이 와서 어떻게 왔는지 용무를 묻는다. 사전에 건설 사업단에 연락하고 신청을 하면 댐 공사 현장을 견학할 수 있다.

영주댐 건설 현장에서 내려오다 보면 왼편에 경비 초소와 사업단 본부로 진입하는 임시 교각이 있다. 공사 현장 근무자들만 출입할 수 있는데 잠시 내려서 그쪽을 보면 낮은 절벽 아래로 물살이 빠르게 흐르는 모습이 보인다. 이곳이 운포구곡의 사곡인 전담(箭潭), 말 그대로 화살처럼 빠른 연못이다. 아쉽게도 가까이에 접근할 수는 없지만 경비원에게 양해를 구하고 다리 위에서 감상해 보자.

주소: 경상북도 영주시 평은면 용혈리 영주댐 건설 사업단

전화: 054-630-9210

**미림 마을과
미림교**

영주댐 공사 현장을 빠져나와 바로 우회전하면 오른편 야산에 작은 마을이 보인다. 행정구역상으로는 평은면 용혈1리, 보통 미림 마을이라 부른다. 댐 하류의 아랫마을이라 수몰될 위기는 모면했다. 마을 앞 도로는 미림교를 건너 문수면 수도리 무섬 마을로 이어진다.

운포구곡의 삼곡인 용추(龍湫, 용의 늪, 행정구역상으로 영주시 평은면과 인접한 안동시 북후면 월전리 십리 계곡에 있음.)에서 흘러 내려온 실개

천이 내성천과 만나는 지점에 미림 마을과 미림교가 있다. 병풍처럼 산이 미림 마을 사방을 둘러싸고 있고, 그 사이로 강이 흐르는 형국이다. 미림교 오른쪽 끝에 영강정(影江亭)이 있다. 관리가 힘들어서인지 영강정을 둘러싼 쇠울타리 문은 늘 잠겨 있다.

미림 마을 버스 정류장 밑으로 꽤 넓은 모래톱이 있다. 주차 공간도 있으니 차에서 내려 잠시 걸어 볼 만하다. 특이하게도 모래톱 한가운데에 버드나무가 자라고 있다. 미림교 바로 밑은 수심이 깊고 물살이 세므로 이 근처에서는 발에 물을 묻히지 말고 모래 위로만 걷자.

영강정 앞에서 오른쪽, 무섬 마을 쪽으로 흐르는 내성천 모래 바닥은 나선형 껍데기를 쓴 다슬기 천지다. 경북에서는 '고디', 경남에서는 '고둥', 전라도에서는 '대사리', 충청도에서는 '올갱이'라 부르는 이 작은 연체동물을 끓이면 시원한 해장국이 된다. 내성천의 다슬기는 어두운 갈색을 띠고 있고, 어른 엄지손가락만큼 큰 것도 있다. 보통 다른 강에서는 바위나 자갈에 많이 붙어 사는데 내성천에서는 모래 틈에서 주로 산다. 다슬기는 해가

나오면 모래 밖으로 나와 모래에 붙은 미생물을 먹고 해가 지면 다시 모래 틈으로 들어간다. 6월에 가면 가장 많이 볼 수 있다.

내성천은 미림교부터 무섬교까지 4킬로미터 구간에서 다섯 번 크게 휘며 흐른다. 영강정 앞 둑길로 내려가 모래톱을 걸어 보자. 강폭이 점점 좁아진다. 내성천이 양쪽으로 산을 끼고 도는 데다 아스팔트 차도도 없어서 아주 한적하다. 걷다 보면 운포구곡의 이곡인 송사(松沙)를 만날 수 있다. 영강정부터 걷기 시작해 약 1.7킬로미터 지점인데 사방 숲에 소나무가 울창하고 강바닥에 금모래가 지천이다. 전 구간을 다 걷기는 무리다 싶으면 이곳까지만 갔다가 돌아오면 된다.

무섬교 직전에 운포구곡의 일곡인 우천(愚川)이 있다. 호가 우천이었던 한 선비의 정자가 있어 주변 풍경과 내성천이 멋지게 어우러졌던 곳이라 한다. 지금은 정자가 없어져서 일곡의 의미를 찾기가 어려워졌다.

주소: 경상북도 영주시 평은면 용혈1리

4 모래강의 신비, 내성천

내성천 6구간

약 6.5킬로미터

무섬교   석탑교

  평은면 용혈리를 굽이쳐 빠져나온 내성천은 문수면으로 접어들
어 무섬교 밑을 지나자마자 영주 시내를 관통해 남쪽으로 내려온 지
류 서천을 받아들인다. 이윽고 수량이 풍부해진 내성천은 고즈넉하게
숨어 있는 마을을 칭칭 휘감아 돈다.

🐢 무섬 마을

물 안의 섬이라는 뜻의 무섬 마을[水島]은 그 아름다움에 비해 영주시의
다른 문화 관광지인 부석사, 소수서원의 빛과 명성에 가려진 곳이다. 행정
지명인 수도리는 내성천이 마을의 삼면을 감싸 안아 가운데에 섬처럼 떠
있는 마을이라는 뜻이다. 내성천 하류 회룡포나 낙동강 하회 마을보다 덜

알려져 있지만 조용하면서도 넉넉하게 평안함을 주는 아름다운 마을이다. 뒤로는 태백산 줄기의 끝자락이 마을을 감싸 주고, 앞으로 강 건너편에 소나무와 사철나무가 무성한 소백산 줄기의 산들이 나지막하게 이어진다. 하늘에서 보면 내성천이 ㄷ 자 모양으로 꺾이면서 마을이 연꽃처럼 물 위에 떠 있는 것 같다. 연화부수(蓮花浮水), 풍수지리학의 길지 중 최고 입지다.

17세기부터 반남 박씨와 선성 김씨의 세거지로 두 집안의 집성촌인데 많을 때는 인구가 500명을 웃돌았다. 지금은 스물여섯 가구 마흔여 명만이 살고 있다. 가옥 가운데 서른여덟 동이 전통 한옥이고, 열여섯 동은 백 년이 넘은 조선 시대 후기의 전형적인 사대부 가옥이다. 그중 해우당(경상북도 민속 자료 92호), 만죽재(경상북도 민속 자료 93호) 같은 고택들이 잘 보존돼 있고, 특이하게 집 외벽에 둥근 구멍을 낸 까치구멍집도 여러 채 있다. 까치

구멍집은 영양, 청송 등 경북 북부 지역에 많은데 겨울에 눈이 많이 와도 집 안에서만 생활할 수 있게 ㅁ 자 폐쇄형 구조이다. 까치구멍은 공기를 통하게 하기 위해 뚫는다고 한다.

무섬 마을 앞의 모래톱은 둘레가 800미터 정도 된다. 마을 초입부터 최근에 들어선 자료관 앞까지 여유 있게 걸으면 한 시간 정도 걸린다. 무섬 마을과 머리를 맞대고 있는 맞은편 육지 돌출부 모래톱도 직선 길이가 500미터로 꽤 넓다. 두세 시간 동안 천천히 모래밭을 산책해 보자. 발자국이 내는 사각사각 소리를 듣다가 털썩 주저앉아 흐르는 강물을 보면 김소월의 「엄마야 누나야」가 왜 나왔는지 절로 알게 된다.

무섬 마을의 백미는 내성천처럼 아름다운 곡선을 그리며 놓여 있는 외나무다리다. 150미터 길이에 폭 30센티미터인 이 다리는 1979년에 콘크리트로 만든 수도교가 놓이기 전까지 삼백오십여 년간 마을 사람들이 강을 건널 수 있도록 배 역할을 했다. 지금은 다리 하나지만 예전에는 농사지으

러 가는 다리, 장에 가는 다리, 학교 가는 다리까지 세 개가 있었다고 한다. 외나무다리의 수명은 일 년이었는데, 장마철에 물이 불어나면 다리가 떠내려갔기 때문이다. 그래서 매년 새로 다리를 놓는 것은 마을 사람들이 힘을 합치는 축제 같은 행사였다고 한다.

2011년 5월에 유례없는 큰비가 와서 외나무다리는 기둥이 몇 개 빠지고 발판도 쓸려 간 상태다. 여름 장마에 또다시 망가질 것을 염려해 8월에나 복구된 모습을 볼 수 있을 것이다.

이곳의 보통 때 수심은 무릎이 잠길 정도다. 좁은 다리 위로 균형을 잡고 걸으려면 겁이 나기도 한다. 어린이나 어지럼증이 있는 사람은 모래 위로나 있는 다리로만 걷기를 권한다. 운이 좋으면 무섬 마을 어르신이 긴 장대를 짚고 다리를 건너는 모습을 볼 수도 있다.

다리 중간에는 맞은편에서 오는 사람을 위해 비켜 주려고 판자 구조물이 설치돼 있다. 그 위에서 강물이 햇빛에 반짝이며 흐르는 모습을 지켜보자. 강바닥의 모래를 무대 삼아, 얕게 흐르는 강물과 내리쬐는 햇빛의 향연이 펼쳐진다. 내성천에서 즐길 수 있는 가장 아름답고 신비한 체험이다. 날씨

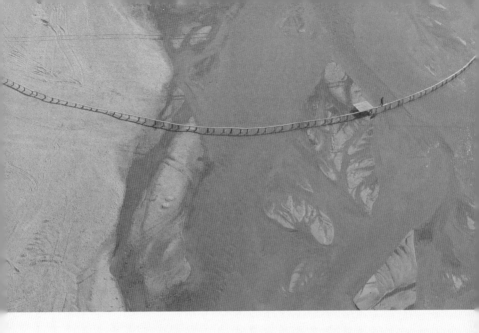

가 좋으면 이곳에 한 시간만 있어도 많은 것을 경험할 수 있다. 늦은 오후의 여유를 즐기려면 무섬 마을에서 하룻밤 묵는 것이 좋다. 그럴 만한 가치가 충분하다.

무섬 마을 끝자락에 새로 지은 자료관 마당 앞 비석에는 「승무」로 유명한 청록파 시인 동탁 조지훈의 시 「별리」가 새겨져 있다. 조지훈의 시비가 왜 이곳에 있는지 궁금해서 마을 사람들에게 물어보니 무섬 마을에 그의 처갓집이 있다고 한다. 경북 영양 출신인 동탁은 스무 살에 이곳 출신 김난희 여사와 혼인한 후 무섬 마을 풍경에 반해 「별리」를 썼다고 한다. 민속 자료 118호로 지정된 만운 고택이 바로 동탁의 처갓집이다.

> 십 리라 푸른 강물은 휘돌아 가는데
> 밟고 간 자취는 바람이 밀어 가고
>
> 방울 소리만 아련히
> 끊질 듯 끊질 듯 고운 뫼아리

4 모래강의 신비, 내성천

발 돋우고 눈 들어 아득한 연봉(連峰)을 바라보나

이미 어진 선비의 그림자는 없어……

자주 고름에 소리 없이 맺히는 이슬 방울

— 조지훈, 「별리」 중에서

조지훈같이 시를 읊지는 못하더라도, 외나무다리 기둥을 간질이며 흐르는 강물의 노랫소리를 들으며 꼭 하룻밤을 묵어가고 싶은 마을이다.

주소: 경상북도 영주시 문수면 수도리 268

전화: 054-636-4700

 무섬 마을 → 석탑교

무섬 마을 끝자락부터 석탑교까지의 거리는 약 5킬로미터이다. 남하하는 내성천의 왼편으로 자동차 도로가 약 1.3킬로미터 동행하다가 옆으로 빠진다. 석탑교까지 나머지 3.7킬로미터를 강물이 산 사이로 한적하게 흘러간다. 시간 여유가 있으면 걸어서 주파해도 좋지만 차로 둘러보는 것이 효과적이다.

내성천 7구간

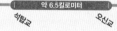

약 6.5킬로미터

석탑교　　　　오신교

 **석탑교**

240미터 길이의 석탑교는 영주시 문수면과 안동시 북후면을 잇는 다리다. 통행하는 차량이 워낙 적어 가을이면 마을 주민들이 수확한 콩을 차선 위에 널어놓고

말리는 풍경을 볼 수 있다. 석탑교 위에서 내려다보는 모래톱은 내성천에서 가장 운치가 있다. 특히 아침 안개가 자욱할 때 모래톱을 걸으면 사막에 와 있는 듯한 느낌을 받는다. 가슴 가득 영감을 받고 싶다면 아무도 없는 11월의 가을 아침에 석탑교를 찾기 바란다. 운이 좋으면 안개 속에 백로가 흰 도포를 입은 도인처럼 서 있는 모습을 볼 수 있다. 다리 밑으로 모래톱이 널찍하게 펼쳐져 있어 봄여름 행락객들이 많이 찾는다. 이곳부터 경북 예천군 보문면까지 모래톱이 길게 이어진다.

석탑교 →
우래교

석탑교부터 우래교까지 강을 따라 나 있는 도로는 4월이면 아름다운 벚꽃길이 되고, 가을이면 운치 있는 낙엽길이 된다. 지나가는 차도 한 시간에 몇 대 되지 않을 정도로 호젓한 곳이다. 강변도로를 따라 천천히 걸어도 되고 차를 타고 달려도 좋다.

멱실 마을

내성천에는 집 실(室)이 들어간 마을이 여러 곳 있다. 봉화군의 닭실, 영주시의 어실, 무실, 멱실, 구둠실, 산으실, 매끼실, 뒤실, 한밤실, 돌밤실, 숲실, 감실, 바우실, 곰실, 예천군의 금당실 등인데 그 가운데 열두 곳을 12실이라 하여 예로부터 길지로 여겼다. 석탑교에서 2킬로미터 정도 내려오면 그

4 모래강의 신비, 내성천

중 한 곳인 멱실 마을이 있다. 약 삼백 년 전에 경주 김씨와 예천 임씨 가문 사람들이 피난처를 찾아 이곳에 정착했다가 목숨을 구했다고 해서 '멱실'이라 한다. 우리말 '멱'은 목의 앞쪽을 말하는데 크게 봐서 '목숨'을 뜻한다. 멱실 마을 앞에는 돌과 바위로 쌓은 다리가 있다. 승용차로는 다니기 힘들고 사람과 경운기만 건너다니는데 강 건너편의 농지와 연결돼 있어 농로로 이용한다. 혹자는 영주 지방 내성천의 모래가 예천 쪽으로 넘어가지 못하게 이 다리를 쌓았다고도 한다. 지방자치단체가 모래를 건자재로 팔 수 있기 때문에 그런 이야기가 나온 듯하다.

👁 **보문면**
바위 소(沼)

멱실 마을에서 한 굽이 돌아 1킬로미터 정도 내려오면 행정구역이 영주시 문수면에서 예천군 보문면으로 바뀐다. 지명이 바뀌자마자 바위 절벽이 보이고 그 밑에 깊은 소가 있다. 위성지도

로 봐도 강물이 시퍼럴 정도로 수심이 깊은 곳이다. 물고기가 많아서 수달 발자국과 배설물의 흔적이 곳곳에 보인다. 물이 얕을 때도 인근 사람들이 낚시를 하러 이곳을 찾는다.

🚶 **우래교 →**
내성천교

우래교에서 55번 중앙고속도로가 지나는 내성천교까지 약 2.7킬로미터 구간은 모래가 가장 넓게 퍼진 채 하류로 뻗어 있는 곳이다. 강폭이 넓은 곳은 300미터 정도 되는데, 강물은 실개천처럼 정말 가늘게 흐르고 강이 물 대신 모래로 꽉 채워져 있다. 이 구간의 모래톱 위를 천천히 걸으면 한 시간 정도 걸린다. 군더더기 없이 보송보송한 모래밭을 걸어 보려면 이 구간이 최고다. 우래교에서부터 내성천교가 가까이 보일 때까지만 걷고 강둑으로 올라오는 것이 좋다. 드라이브 코스로도 손색이 없으니 시간이 없을 때에는 자동차로 이동해도 된다.

내성천교를 지나면 928번 국도가 지나는 오신교가 있다. 여기에서는 2010년 11월부터 또 다른 교각을 놓는 공사를 진행 중이다. 포클레인 등 중장비가 모래를 파내고 기둥을 박느라 번잡하니 신속히 벗어나는 것이 좋다.

👁 학가산 자연 휴양림

우래교를 건너 산속 도로로 3킬로미터 정도 올라가면 학가산 자연 휴양림이 나온다. 학가산은 경북 북부의 명산으로 예천군 보문면과 안동시 북후면에 걸쳐 있다. 산세가 꼭 학 위에 사람이 올라타 노니는 모습을 닮았다 해서 붙은 이름이다. 정상인 국사봉은 높이 882미터로, 휴양림에서 정상까지는 두 시간 정도 걸린다. 학가산은 그리 높지는 않으나 잘 알려지지 않은 덕에 때 묻지 않은 산림의 아름다움을 잘 간직하고 있다. 잠시 내성천을 벗어나 깊은 산속 풍취를 즐기려면 방문해 볼 만하다.

주소: 경상북도 예천군 보문면 우래리 산60

전화: 054-652-0114

홈페이지: www.hakasan.co.kr

내성천의 절경,
회룡포를 맛보다

경북 예천군

내성천이 낙동강에 합류하기 전 마지막 비경, 회룡포를 볼 수 있는 구간이다. 그 외에

도 도정서원, 선몽대, 삼강 주막 등 모래톱을 끼고 있는 명소가 즐비하다.

경북 영주시에서 예천군으로 넘어오면서 내성천은 몇 겹으로 접히는 곡류에서 한두 번만 몸을 꼬는 완만한 흐름으로 바뀐다. 여전히 얕은 구릉성 산지 사이를 뚫고 지나가지만 어떤 구간에서는 시원스럽게 쭉쭉 뻗어 가는 흐름이 되기도 한다. 강폭은 훨씬 넓어지고 모래톱도 덩달아 커져서 영주의 내성천처럼 아기자기한 맛은 덜하다. 하지만 내성천을 내려다볼 수 있는 서원과 누각, 철로가 있어 그 부족함을 채워 준다. 게다가 낙동강과 합류하기 전의 비경인 회룡포가 기다리고 있다. 발걸음을 재촉할 만하다.

내성천 8구간

약 6킬로미터
오신교　미호교　보문교

영주시를 벗어나 예천군에 본격적으로 진입했지만 아직까지도 내성천은 양쪽에 산세를 몰고 다닌다. 예천 평야를 꿰뚫고 지나려면 좀 더 있어야 한다. 이 구간에서 모래강과 어울리는 볼거리는 강변을 따라 달리는 철도, 사라진 간이역, 도학자의 모래톱 전망대 도정서원이다.

👁 **경북선 철로**
(오신교 →
보문교)

내성천 지류인 옥계천을 따라 남하하던 경북선 철로가 오신교 부근에서 서쪽으로 방향을 틀어 내성천과 평행하게 달리기 시작한다. 보문교까지 약 6킬로미터를 철

　　　　　　　　　　4 모래강의 신비, 내성천

로와 내성천이 함께 가는 것이다. 경북선은 경북 북서부를 연결하는 동맥
으로 예전에 문경 탄광이 문을 닫기 전에는 석탄 수송로로 큰 역할을 했
다. 현재는 김천에서 출발해 영주에 도착하는 무궁화 열차가 하루 세 번만
운행할 정도로 교통량이 많이 줄었다. 역이 총 26개 있었는데 14개는 없
어지고 현재는 12개 역에만 정차한다. 김천–영주 구간 소요 시간은 두 시
간 십 분 정도다. 기차를 타고 내성천의 경치를 보려면 영주에서 예천까지
표를 끊어서 삼십 분간 달리면 된다. 오전 5시 50분, 10시 15분, 오후 2시
30분, 오후 5시 13분, 6시 15분에 영주에서 출발하는 무궁화 열차가 있
다.(2011년 6월 기준)

철도청과 경상북도에서 운영하는 경북 관광 순환 테마 열차를 타 보는 것
도 재미있는 경험이다. 동대구역을 기점으로 네 량짜리 관광 열차가 경상
북도 내 17개 역을 오전과 오후에 한 번씩 순환한다. 한 바퀴 도는 데 걸리
는 시간은 다섯 시간 오십 분. 기차로 달리면서 내성천을 볼 수 있는 구간
은 회룡포가 있는 용궁역– 예천역–영주역 구간이다.

한낮의 내성천을 따라 달리려면 용궁역에서 오전 10시 52분에 출발하는
기차를 타면 되고, 내성천의 석양을 보고 싶으면 영주역에서 오후 6시 2분
에 출발하는 기차를 타면 된다.

관광 열차 정보: gbct.gbtour.net

053–939–6636~7

◉ 폐지된
간이역

이 구간에는 장산, 보문, 미
산 등 폐지된 역이 세 곳 있
다. 농촌 인구와 열차 이용
객이 줄어들자 1974년에 장
산역이, 2001년에 보문역
과 미산역이 문을 닫았다.
하지만 다음(Daum) 위성지

도에는 아직도 세 역이 표시돼 있어 운영 중인 역으로 착각하기 쉽다. 보문
역 건물을 확인하고 싶어 미호교를 건너 오른쪽 작은 샛길로 들어가니 오

래된 단층 건물이 나타난다. 멀리서 보면 역사(驛舍) 같지 않다. 텅텅 비어 있을 줄 알고 다가갔더니 인기척이 난다. 미닫이문에는 커튼이 쳐져 있고 창호지를 새로 바른 문도 보인다. 역 간판은 사라진 지 오래지만, 역사는 살림집으로 쓰이고 있었다.

외딴곳의 한적함이 살아 있는 추억의 간이역. 그동안 고속도로 신설, 자가용 보급, 농촌 인구 감소 등 복합적인 이유로 열차 승객 이용 실적이 줄어들어 없어진 역이 꽤 많다. 2010년 현재 역무원이 배치되어 있지 않은 간이역은 전국적으로 188개다. 폐지된 간이역 건물 가운데 보존 가치가 있는 곳은 등록 문화재가 되기도 하지만 관리가 안 돼 황폐해지는 경우가 대부분이다. 최근 들어 간이역에 열차를 개조한 펜션을 만들거나, 역사를 갤러리나 간이 도서관으로 바꾸는 움직임도 일고 있다.

🐾 미호교 →
보문교

미호교에서 보문교 아래쪽으로는 내성천 왼편으로 얕은 모래톱이 드러나 있다. 강 오른편으로는 낮은 바위 지반이 제방 역할을 하며 이어지고 그 위로 철로가 달린다. 강 왼편 모래톱을 따라 1킬로미터 정도를 걸어 볼 만하다.

내성천 9구간

내성천이 예천군 저지대로 접어드는 구간이다. 도정서원 앞에서 한 번 물굽이를 만들고 고평 대교까지 3.5킬로미터를 곧게 남하해 호명면 형호리에서 다시 크게 누운 S 자로 굴곡한다. 927번 도로가 강을 감싸고 남쪽으로 빠진 뒤 내성천은 회룡포까지 비스듬하게 흘러간다. 강변의 완만하게 비탈진 땅은 농토로 활용하고 있다. 위성지도를 보면 이 구간에서부터 구획된 농경지가 눈에 많이 띈다.

4 모래강의 신비, 내성천

👁 **보문교**

보문교는 예천군 보문면과 호명면을 잇는 다리인데, 내성천을 가장 멀리까지 조망할 수 있을 만큼 고도가 높다. 저지대인 호명면에서 고지대인 보문면으로 갈수록 다리의 경사가 급해진다. 다

리에서 상류 쪽을 보면 왼편에 마을이 있고 경북선 철로가 지나간다. 하류 쪽으로는 왼편에 큰 모래톱이 있고 오른편으로는 바위 절벽이 보인다. 절벽 뒤편의 바위를 뚫고 터널이 나 있는데 갑자기 경적을 울리면서 열차가 튀어나와 놀라는 경우가 많다. 보문교 위에서 내려다보는 마을, 열차, 모래톱, 강물이 조화를 이루고 있는 풍경은 마치 영화의 한 장면 같다. 특히 겨울에 눈 쌓인 모래톱을 따라 달리는 기차는 꼭 시베리아 열차를 한반도에 가져다 놓은 듯한 착각을 불러일으킨다. 겨울에 이 구간을 방문하면 보문교 아래로 넓게 펼쳐진 모래톱이 하얀 벌판으로 변하면서 북국 평원을 걷는 기분을 느낄 수 있다.

👁 **도정서원**

호명면 쪽 보문교에서 예천읍 쪽으로 2킬로미터 정도를 달리면 도정서원 표지판이 보인다. 도산서원과 병산서원에 가려 잘 알려지지 않았지만, 내성천의 모래톱을 훤히 내려다볼 수 있는

최고의 전망을 자랑한다. 회룡포 전망대를 빼고, 내성천 유역에서 차로 접근할 수 있는 곳 중 가장 높은 지점에서 강을 조망할 수 있다.

도정서원은 조선 중기의 문신인 약포 정탁(鄭琢)의 문덕을 기리기 위해 1700년(숙종 26년)에 건립됐다. 1869년(고종 6년) 흥선대원군이 서원 철폐령을 내려 일부가 훼손됐다가 1997년에 현재 모습으로 복원됐다. 정탁은

퇴계 이황 아래에서 공부한 문인으로, 판서 벼슬을 지냈고 임진왜란 때 곽재우, 김덕령, 이순신을 조정에 천거했다고 한다. 지금은 정탁의 후손 한 분이 서원을 관리하면서 살고 있다. 도산서원이나 병산서원처럼 정돈된 맛은 없으나 눈앞에서 호령하는 풍광은 뛰어나다. 뒷산에 오르면 내성천 모래톱이 바다 위를 떠다니는 땅 조각들처럼 펼쳐져 있다. 이 아름다운 자연을 지켜보면서 만물의 이치를 깨닫기 위해 학문에 매진했던 이곳 도학자들의 정신세계가 만만치 않았음을 느낄 수 있다.

서원 옆 가파른 절벽에 읍호정이라는 정자가 있다. 그 길목에 오래된 느티나무가 있는데, 굵은 나뭇가지 사이로 내성천과 어우러진 신월1리 마을의 정겨운 모습이 보인다.

주소: 경상북도 예천군 호명면 황지리 447

 벚나무길

도정서원을 빠져나와 1킬로미터쯤 달리면 도로가 내성천과 만나 왼쪽으로 꺾이면서 강과 나란히 2.8킬로미터 정도 달린다. 이 구간 양쪽에 벚나무가 빽빽이 심겨 있어 봄이면 아름다운 벚꽃 터널이 된다. 길에서 보이는 내성천은 양쪽에 모래톱과 푸른 식생을 거느리고 힘차게 흘러간다.

내성천 10구간

내성천이 비교적 큰 굴곡 없이 서쪽으로 곧바르게 뻗어 나가는 구간이다. 회룡포에서 극적인 물돌이를 준비하기 위해 힘을 비축하는 모습이다. 강폭은 400미터가 넘는 곳도 있다. 강변의 옛 범람원 지역은 높은 인공 제방의 보호를 받으며 반듯한 농토로 바뀌었다. 모래톱에도 중상류와 달리 식생이 많이 자라고 있다. 이 구간에서는 둑길을 따라 걷거나 차로 달리며 보는 것이 좋다.

선몽대

신선들이 꿈꿀 정도로 아름 답다는 뜻의 선몽대는 하안 절벽 위에 세워진 정자다. 1563년(명종 18년)에 벼슬을 버리고 낙향한 문신 이열 도(李閱道)가 자연을 벗하며 시를 짓고 선비들과 교유하

기 위해 지었다고 한다. 선몽대에 오르면 내성천의 모래톱과 주변의 아담한 산세가 어우러져 시 한 편이 절로 나올 것 같다. 예천 군수로 부임했던 아버지를 따라온 다산 정약용도 선몽대에 올라 시를 남겼다.

높은 언덕에 자리 잡아 허공에 솟은 누각	中天樓閣枕高丘
술 마시며 유람하니 객의 시름 사라지네	杯酒登臨散客愁
꽃잎에 닿은 산중 빗방울 져서 떨어지고	山雨著花紅滴瀝
전나무에 든 시내 바람 우수수 들려온다	溪風入檜碧颼飀
(……)	

166

선약을 만드는데 연기가 없어 신선의 꿈 싸늘한데 丹竈無煙仙夢冷

강물과 구름은 예나 지금이나 절로 한가로워라   水雲今古自悠悠

— 정약용, 「부친을 모시고 선몽대에 올라(陪家君登仙夢臺)」,

『다산시문집』 1권 중에서

보통 때에는 문이 잠겨 있어 그 경치를 정면에서 즐기지 못한다는 점이 아쉽다. 호명면사무소에 전화를 하면 관리인이 나와서 문을 열어 준다. 선몽대 뒤로 나 있는 나무 계단을 따라 뒷산에 올라가면 내성천과 모래톱 전경을 볼 수 있다. 정상에서 하류 쪽으로 눈을 돌려 보면 강둑 안쪽의 모래톱에 작물을 심어 놓았다. 예천 쪽으로 올수록 모래톱을 경작지로 활용하는 빈도가 높아진다.

선몽대 앞 오른쪽 오천교 쪽은 얼마 전에 모래를 많이 파내서 수심이 깊다. 물길 폭이 좁다고 함부로 들어가면 빠질 수 있으니 반드시 조심해야 한다. 마른 모래밭을 따라 왼편 회룡포 쪽을 걷는 것으로 만족하자.

주소: 경상북도 예천군 호명면 백송리

전화: 054-650-6607~9(호명면사무소)

경진교 →
회룡포

28번 국도가 지나는 경진교에서 회룡포까지 약 8킬로미터 구간은 내성천이 가장 곧게 흐르는 부분이다. 11월 말에 촬영한 항공사진을 보면 평평한 하안단구를 농토로 이용하고 있는 모습이 눈

에 띈다. 하안단구는 강변에 발달한 계단 모양 지형인데, 위가 평평한 부분인 단구면(面), 강물에 깎인 절벽 부분인 단구애(崖)로 나뉜다. 내성천 주변의 하안단구는 침식 작용보다는 오랜 세월 강물이 운반해 온 토사의 퇴적 작용으로 만들어진 것이다. 강둑 안쪽의 모래톱에 누렇게 마른 식생의 흔적이 많다. 여름에는 풀도 많이 자란다.

회룡포

내성천이 낙동강에 합류하기 전 마지막 비경이 바로 회룡포다. 예전에는 의성포로 불렸다가 경북 의성군에 있는 장소로 오인될까 봐 회룡포로 이름을 바꿨다. 나이 드신 분들은 아직도 의성포라는 말을 쓴다. 각종 매체에서 수백 번 소개됐지만 회룡포의 상투적인 일면만을 비춘 경우가 많았다. 한 삽만 퍼내면 섬이 된다는 내성천 물돌이 지형만을 회룡포의 전부인 양 보여 준 것이다. 하지만 이곳은 회룡포 비경의 극히 일부일 뿐이다.

회룡포를 창공에서 내려다보자. 내성천이 깎아 내 윤곽을 만든 땅이 꼭 버선 바닥이 위로 향해 있는 것처럼 생겼다. 그 유명한 회룡포 물돌이 지형은 버선 발등에 놓여 있는 작은 공처럼 생긴 부분이다. 그 부분은 강물의 오랜 침식 작용에 실처럼 가늘어진 땅에 대롱대롱 매달려 있다. 이런 지형을 지형학 용어로 사행목(Meander Neck)이라 하는데 더 많은 시간이 지나면 강물의 힘에 못 이겨 결국 톡 끊어진다. 그러면 이곳은 하중도가 되고 내성천은 새로 뚫린 물길로 흐를 것이다. 그 새로운 풍경을 보려면 적어도 수만 년은 지나야 할 테지만 말이다.

회룡포를 잘 즐기려면 버선 바닥 부분과 발등의 공 부분을 효과적으로 오가야 한다. 버선 뒤꿈치와 강 건너편 육지가 용궁면 향석리, 버선코와 발등의 작은 공 부분이 대은리다. 그러니까 버선을 중간에서 세로로 뚝 잘라 왼편을 향석리, 오른편을 대은리로 생각하면 쉽다. 버선 발등의 작은 공 부분은 뿅뿅 다리 두 개로 버선 발등 부분과 이어지고, 버선 바닥 부분은 반대편 육지와 회룡교로 연결된다. 예로부터 향석리와 대은리 두 마을 주민

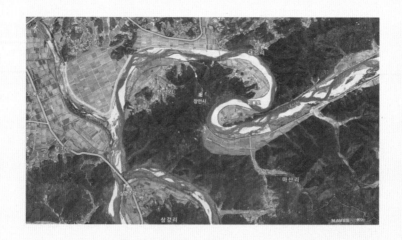

들은 돌팔매 싸움을 하면서 풍년을 기원하고 우의를 다졌다고 한다. 그래 서인지 회룡포에 관광객을 유치하는 것에서도 두 마을이 경쟁 관계에 있 다. 비교해 보니 향석리 쪽이 정보가 훨씬 많고 각종 체험 프로그램도 다 양하다. 무이 서당, 용궁 향교, 청원정 등 주변 문화 유적에 접근하기도 유 리하다. 반면 지형의 아름다움에서는 대은리가 앞서 있다. 가장 큰 강점은 멋진 모래톱이 마을 바로 앞에 펼쳐져 있다는 것이다. 단점은 마을 가구 수와 기반 시설이 적고 내성천 둑길로 돌아서 들어가야 한다는 것이다. 이 곳에 사람이 거주한 지 겨우 백 년이 좀 넘었을 뿐이기 때문이다. 1896년 대홍수 이후 강 건너편 사람들이 들어와 개척하기 시작해서 오늘에 이르 렀다. 두 지역을 비교해 보고 자신의 취향에 맞는 곳에서 묵으면 된다.

회룡포 전망대: 경상북도 예천군 용궁면 향석리 산54

회룡포 마을(대은리): 경상북도 예천군 용궁면 대은리 회룡포 녹색 농촌 체험 마을

  010-4802-0339

  www.ycgreen.com

회룡포 마을(향석리): 경상북도 예천군 용궁면 향석리 154

  054-653-6696

  dragon.invil.org

1 보면서 즐기기

전망대에 올라 내성천이 마을을 휘감아 도는 전경을 본다. 비룡산에 오르면 다양한 각도에서 회룡포를 즐길 수 있는 전망대와 조망점이 있다. 내려다보는 순간, 육지를 휘감아 도는 내성천을 용에 비유한 표현이 과장이 아님을 알 수 있다. 비룡산에는 팔각정 전망대가 두 개 있는데 흔히 보는 회룡포 전경 사진은 제1 전망대에서 촬영한 것이다. 회룡포 주차장에서 출발해 사십 분 정도 산을 타고 오르면 제1 전망대에 이른다. 거기서 삼십 분 정도 산행을 더 하면 제2 전망대에서 다른 각도로 절경을 감상할 수 있다. 굳이 제2 전망대까지 갈 생각이 없다면 제1 전망대에서 제2 뽕뽕 다리 쪽으로 하산해서 다리를 건너 회룡포 마을(대은리)로 들어간다. 시간이 별로 없을 때에는 제1 전망대로 바로 간다. 내비게이션에 장안사를 입력하고 절 아래 주차장에 차를 세운 뒤 이십 분 정도 나무 계단을 걸어 올라가면 된다.

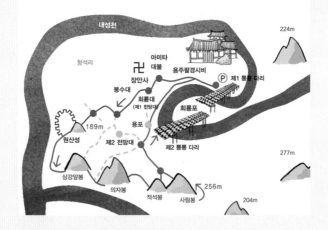

2 걸으면서 즐기기

회룡포 마을을 둘러싼 모래톱을 밟고, 얕은 강물에 발을 담근다. 대은리 회룡포 마을(버선 발등에 매달린 작은 공 부분)로 들어가려면 개포면사무소를 거쳐 내성천 둑길을 5킬로미터 정도 가야 한다. 이곳 모래톱은 길이가 1.5킬로미터 정도로, 천천히 한 바퀴 돌려면 두 시간이 걸린다. 버선 발등의 작은 공 부분에 해당하는 곳의 모래톱은 회룡교 직전까지 이어지는데 길이가 1.6킬로미터 정도다. 두 곳을 모두 걸어 보려면 서너 시간이 필요하다. 육지를 천천히 휘감아 도는 강물이 된 기분으로 천천히 짧은 구간만이라도 걸어 보자. 회룡포 주차장에서 내려 제1 **뿅뿅** 다리를 건너 마을에 진입한 뒤 모래톱을 한 바퀴 걷고 제2 **뿅뿅** 다리를 왕복

4 모래강의 신비, 내성천

하는 방법도 있다. 이 다리는 건축 공사장에서 발판으로 쓰는 구멍 뚫린 철판을 연결해 놓은 것이다. '뽕뽕'이라는 이름이 구멍이 '뽕' 나 있어서 인지, 걸을 때 발을 세게 구르면 '뽕뽕' 소리가 나서인지는 확실하지 않다. 어쨌든 이 다리를 건너는 재미가 쏠쏠하다. 제1 뽕뽕 다리는 수면에서 20~30센티미터 정도 위에 있고 제2 뽕뽕 다리는 훨씬 높아 다리 높이가 2미터가 넘는다.

3 묵으면서 즐기기

회룡포 마을에 숙소를 정하고 모래강을 여유 있게 즐긴다. 주 5일 근무가 정착되면서 몇 년 전부터 농촌 체험 붐이 일었다. 농가 소득을 증대하기 위해 각 지방자치 단체가 주도적으로 나선 경우도 많다. 예천군도 예외는 아니어서 대은리와 향석리에서 녹색 농촌 체험 마을 프로그램을 운영하고 있다. 각각 홈페이지에서 프로그램 내용을 확인해 보고 취

향에 맞는 것을 선택하면 된다. 짜인 일정에 얽매이기 싫으면 숙박 시설만 신청하고 자유롭게 모래강을 즐기면 된다.

내성천 11구간

　회룡교 밑을 빠져나온 내성천은 금천을 받아들이고 곧바로 낙동강과 합류한다. 강 세 개가 합쳐진다 해서 '삼강'이 된 지역인데, 내성천이 낙동강 지류라는 사실이 이곳에서는 좀 미심쩍게 느껴진다. 예천군을 지나면서 내성천의 몸집이 커지고 기세가 당당해졌기 때문이다. 여기서 만나는 낙동강과 내성천을 비교해 보면 어느 모로 보나 내성천이 형님 같다. 강폭과 운반물의 양만 봐도 그렇다. 4대강 공사이후 경북 안동시 유역부터 강바닥을 준설해 낙동강 수심이 깊어져유속도 빨라지고 색깔도 거무튀튀해진 탓에, 더더욱 내성천의 형님 강으로서 여유가 사라진 것처럼 느껴진다. 그 영향을 받아서일까? 낙동강으로 빨려 들어가는 내성천의 유속이 삼강교 부근부터 점점 빨라지고 있다. 퇴적물도 많이 쏠려 내려가서 2010년 말 사진에 보이는 모래톱이 2011년 들어 서서히 사라지고 있다.

　　　　　　　　　　　　4 모래강의 신비, 내성천

◉ 삼강교

삼강교는 경북 문경시 영순면과 예천군 풍양면을 잇는 600미터 길이의 다리로 2004년 개통됐다. 낙동강과 내성천이 합류하는 지점을 가로지르는 이 다리가 없었을 때는 나룻배를 이용해 넘나들거나 돌아서 35킬로미터 정도를 가야 했다. 이 다리는 2011년 초부터 몸살을 앓고 있다. 4대강 공사로 낙동강 본류의 준설이 막바지에 이르면서 수심이 깊어지고 유속이 빨라졌다. 거기에 물 높이가 낮은 내성천이 낙차가 큰 낙동강 본류로 빨려 들어가면서 덩달아 물살이 세졌다. 지금 삼강교 밑에는 흙으로 만든 임시 둑이 세워져 있다. 지반이 유실되는 것을 막기 위해 모래를 가득 채운 자루도 쌓아 놓았다. 내성천의 물살을 인위적으로 막아 역행 침식을 막으려는 것이다. 이곳에 큰 장마라도 들면 어떤 일이 벌어질지 걱정이 앞선다. 만약 역행 침식이 일어난다면 가까운 회룡포의 아름다운 모래 지형도 망가질 위험이 있다. 이 지역은 물살이 빨라서 위험하니 강에 들어가지 말고 강둑이나 삼강교 위에서 봐야 한다.

◉ 삼강 주막

세 물길이 만나는 삼강 지역은 예로부터 수운 교통의 요지였다. 내륙 경북 지방에 남해의 소금과 해산물을 공급하는 젖줄, 경상도 선비들이 서울로 과거를 보러 갈 때 건너야 했던 첫 번째

지리적 관문이었다. 수많은 발길이 넘나든 곳이었지만 뱃길이 끊긴 지금은 삼강교를 지나는 자동차 소리만 가끔 들리고 한적하기 그지없다.

예천군 풍양면 쪽 다리 끝 부분 왼편 아래에 오백 년 묵은 회화나무와 초가집 몇 채가 보인다. 원래 보부상들과 나루터 사공들의 숙소가 들어서 있던 자리였는데, 지금은 국내에서 유일하게 남아 있는 전통 주막인 삼강 주막만이 지나가는 길손을 맞는다. 주막지기 유옥연 할머니가 2005년 세상을 뜰 때까지 오십 년간 손님들에게 술과 안주를 대접했던 곳. 원래 주막에는 슬레이트 지붕이 얹혀 있었으나 2007년에 초가지붕을 얹어 복원했다. 새로 지은 별채 건물과 마당 평상에서 손칼국수, 두부, 묵, 배추전, 막걸리 등을 시켜 먹을 수 있다.

더운 여름 주막의 초가지붕을 식혀 주는 커다란 회화나무도 볼거리다. 그 그늘 밑에서 파헤쳐진 낙동강을 바라보면 서글퍼진다. 옛사람들은 잡귀신에게서 지켜 달라는 염원을 담아 마을 어귀에 이 나무를 심곤 했다. 주막

4 모래강의 신비, 내성천

에 나무를 심은 이도 강의 신에게 나루를 건너는 이들의 안전을 비는 마음이었을 것이다. 그러나 25미터 높이까지 자란 수호목의 영력이 다했는지, 4대강 공사가 낙동강을 망가뜨리는 것을 막지는 못했다.

주소: 경상북도 예천군 풍양면 삼강리 166-1

전화: 054-655-3035

경상북도 민속 자료 134호

👁 **삼강 주막 마을**

삼강 주막 길 건너편에는 삼강 주막 마을이 있다. 낙동강 주변의 청주 정씨 집성촌으로 칠십여 명이 사는 작은 동네다. 다양한 농촌 체험를 할 수 있고 황토방에서 묵어 갈 수도 있다.

주소: 경상북도 예천군 풍양면 삼강리 219

전화: 054-655-3132

홈페이지: www.3gang.co.kr

**하천에도
등급이
있다?**

『한국 하천 일람』(www.river.go.kr)의 수계별 통계를 보면 현재 전국에는 3833개의 하천이 등재돼 있고 그중에서 국가에서 관리하는 국가하천이 61개다. 나머지는 하천이 흐르는 관할구역의 시도지사가 관리 책임을 맡는 지방 하천이다. 국토해양부 장관은 하천법 7조에 따라 국토 보전, 국민경제에 중요한 역할을 하는 하천을 국가하천으로 지정할 수 있다. 작은 강들은 보통 강폭이 넓어지는 중하류에서부터 국가의 관리 대상이 된다. 홍수와 범람의 위험이 커지기 때문이다. 내성천도 한반도의 다른 강들처럼 구역별로 국가하천, 지방 하천으로 나뉘어 관리를 받고 있다. 경북 봉화군 물야면부터 영주시 문수면까지는 지방2급 하천, 영주시 문수면에서 지류 서천을 받아들인 이후부터 예천군 호명면까지는 지방1급 하천, 예천군 호명면부터 용궁면에서 낙동강과 합류하는 지점까지는 국가하천으로 지정돼 있다.

　　　　　　　　　　　　　　　4 모래강의 신비, 내성천

5 모래톱이 있는 풍경,
낙동강, 감천, 회천, 섬진강

봄바람은 불어 그치지 않고　　　　　　　　　春風吹不盡

지는 해는 다리 가에 걸려 있네　　　　　　　落日在橋邊

근심스런 마음 어지러이 일어나는 곳은　　　　攬得愁情處

향그런 풀 돋아난 모래톱의 한 줄기 안개　　　芳洲一帶烟

배는 긴 다리 곁에 누워 있고　　　　　　　　舟臥長橋側

높은 정자는 깎아지른 골짜기 가에 있네　　　亭高絶壑邊

물가 모래는 눈보다도 희고　　　　　　　　　渚沙白於雪

봄 강물은 푸르기가 연기 같다네　　　　　　　春水綠如烟

　　　　　　　　　　　　　　　　　— 이황, 『퇴계집』 중에서
　　　　　　　　　（『조선의 서정시인 퇴계 이황』(정우락, 글누림, 2009)에서 재인용）

　　　퇴계 이황은 젊은 시절에 처가가 있는 경남 의령, 거창을 비롯해 남쪽 지역을 자주 방문했다. 사십 대 초반까지 도합 아홉 번을 방문해 그의 시문집에서 확인할 수 있는 것만 해도 백 편이 넘는 시를 남겼다. 퇴계가 경남 합천군 합천읍 함벽루에서 황강을 바라보며 남긴 위의 시에는 아름다운 모래톱 풍경이 담겨 있다. 봄이 되어 날씨가 풀리면 겨우내 모래 속에 웅크리고 있던 씨앗이 움터 모래톱에 풀이 자란다. 지난 가을 어디선가 바람에 날려 와 해가 바뀌기만을 기다렸을 작은 생명이 불모의 모래 틈에서 자라는 모습을 바라보면서 퇴계는 근심스러운 마음을 달랬을 것이다.

　　　『조선의 서정시인 퇴계 이황』에는 지금껏 잘 알려지지 않았던 퇴계의 초기 서정시가 경북대 국문과 정우락 교수의 빼어난 번역으로 실려 있다. 인용한 시 외에도 퇴계의 작품 곳곳에 모래가 깔려 있

모래톱을 뒤덮은 은은한 안개

는 우리 강의 아름다운 모습이 잘 그려져 있다.

위기에 빠진 모래의 풍경

모래강의 원형인 내성천 말고도 한반도 곳곳에는 우리에게 영
감을 주는 모래의 풍경이 펴져 있다. 특히 지반이 화강암인 경상도
지역에 모래톱이 잘 발달했다. 영남을 흐르는 강을 따라가다 보면 도
로를 건설하기 위해 파헤친 산지를 자주 볼 수 있다. 거기에 드러나
있는 풍화된 토양은 대부분 화강암 종류다. 비가 내리면 이곳의 모래
와 자갈이 강으로 쓸려 들어간다. 지금처럼 인공 제방을 쌓기 전에는

모래강을 준설하는 모습

수로 양옆에 있던 화강암 토양이 흐르는 강물에 침식돼 하류에 퇴적
됐다. 오래된 모래톱을 강과 분리해 인공 제방을 쌓고 개간을 한 뒤
에도, 강은 유로 안쪽에 다시 모래를 실어 날랐다. 이런 식으로 영남
의 강은 잠시도 쉬지 않고 모래의 지형을 만들고 보충해 왔다.

　　강 상류의 댐에 막혀 내려오지 못하고 인공 호수 바닥에서 잠
자는 모래가 많아지면 모래톱은 부실해진다. 강바닥의 자갈이 드러
나고 잡풀이 무성해져 눈살을 찌푸리게 한다. 그나마 이 정도까지는
모래톱의 퇴화라고 안타까워할 만한 수준이다.

　　하지만 2009년 들어 상황이 달라졌다. 4대강 공사로 국토의 동
맥을 섣부르게 일시에 건드리면서 모래톱이 대부분 파괴됐다. 앞으로

벌어질 역행 침식도 큰 걱정이다. 수심이 깊어진 본류와 그렇지 않은 지류 간의 낙차 때문에 본류에 합쳐지는 지류의 유속과 에너지가 커진다. 이로 인해 지류의 하상, 하안, 모래톱이 통째로 거꾸로 깎여 내려간다. 게다가 이명박 정부는 2011년 7월부터 '4대강 지류와 지천 사업'을 벌여 지류에까지 손을 대겠다고 한다. 그나마 남아 있는 모래톱까지 언제 사라질지 모르는 위기에 처한 셈이다. 그 모래들이 인간에게 어떤 피해를 주었다고 이렇게까지 하는 것일까? 더 늦기 전에 꼭 봐 두어야 할 모래톱과 곡류 지형의 대표적인 풍경을 소개한다.

모래와 함께 흐르는 낙동강을
마지막으로 기억하다

낙동강은 한반도에서 압록강에 이어 두 번째로 길고, 한반도 중부 이남에서는 가장 길고 큰 강이다. 유역 면적이 약 2만 4000제곱킬로미터로 남한 면적의 24퍼센트에 달하며 825개에 달하는 크고 작은 하천을 지류로 거느리고 있다. 그러니까 영남의 대부분은 낙동강 수계 안에 있다고 보면 된다.

산의 땅 경상도

"경상도는 지리가 가장 아름답다.(慶尙道 地理最佳)" 이중환은 지리서 『택리지』 「팔도총론 경상도」의 첫 문장에서 단 두 글자 "最佳"로 이 고장의 지리를 평했다. 가장 아름답다고 말이다. 이중환은 왜 이런 평가를 내렸을까?

이중환은 1725년 영조가 즉위하자마자 노론과 소론 간에 벌어진 정치 음모에 연루돼 유배되었다. 조정에서 밀려나 불우해진 후에 그는 삼십 년 동안 조선 팔도를 직접 유랑하며 산하를 보고 듣고 겪었다. 『택리지』는 그런 체험을 바탕으로 쓴 것으로, 사대부가 살 만한 곳은 어떤 조건을 갖춰야 하는가에 초점을 맞췄다. 따라서 이중환은 당시 사대부들이 가장 많이 살았던 영남을 눈여겨봤고 사대부 마을이 위치한 곳의 자연지리 조건을 면밀히 살폈다. 사대부들이 많이 사는 데에는 어떤 이유가 있었을 것이다. 안타깝게도 이중환은 전라도와 평안도를 직접 가 보지 않고 책을 썼지만, 영남 사대부들이 터를 잡은 곳의 공통점을 추려 내는 과정에서 영남 지리의 이점을 높이 평가했기 때문이리라.

'영남 알프스'라는 말이 있듯이 경상도는 그 자체가 산의 땅이며, 높은 산맥이 뻗어 있어 한반도의 다른 지역과 차단된 땅이다. 백두산에서 시작된 백두대간이 태백산까지 뻗어 내려온 후 남서쪽으로 방향을 틀어 속리산으로 비스듬하게 달리면서 경상도 북서쪽에 높은 담을 쌓고, 다시 덕유산과 지리산으로 남하하며 서쪽을 막는다. 지리산에서 부산 금정산까지는 낙남정맥이 경상도 아래쪽을 살짝 틀어막는다. 태백산에서 부산 몰운대까지는 낙동정맥이 동쪽으로 울타리를 친다. 자연지리 조건만 보면 완벽하게 고립된 형국이다. 삼국시대에 신라가 왜 끊임없이 고구려와 백제의 영토를 침범하며 산맥을 넘으려 했는지 이해가 간다.

산맥 안쪽에서 여기저기 조금씩 발달한 분지가 신라인에게는 고마운 삶의 터전이었다. 지리학자들은 담장 안의 상대적으로 낮은 지대 전체를 '경상 분지'라고 통칭하기도 한다. 그 분지의 대부분을 만들어 준 것은 영남의 젖줄 낙동강이었다.

영남의 젖줄

카프(KAPF, 조선 프롤레타리아 예술가 동맹)의 작가였던 조명희는 1927년 7월 《조선지광》에 발표한 소설에서 고향에 돌아와 죽는 한 남자의 사연을 꺼낸다. 일제강점기 때 해외로 망명해 오 년간 독립운동을 하다 투옥된 후 병에 걸려 출소한 사내는 연인의 부축을 받으며 낙동강 변의 고향으로 돌아온다. 배를 타고 강을 건너면서 사내는 옷소매를 걷어 올린 뒤 그리도 보고 싶었던 강물에 팔뚝을 담근다. 그러고는 흘러가는 강물을 향해 이런 노래를 부른다.

봄마다 봄마다/ 불어 내리는 낙동강 물/ 구포벌에 이르러/ 넘쳐 넘쳐
흐르네—/ 흐르네— 에—헤—야
철렁철렁 넘친 물/ 들로 벌로 퍼지면/ 만 목숨 만만 목숨의
젖이 된다네/ 젖이 된다네— 에—헤—야

이 벌이 열리고―/ 이 강물이 흐를 제/ 그 시절부터

이 젖 먹고 자라 왔네/ 자라 왔네― 에―헤―야

천 년을 산, 만 년을 산/ 낙동강! 낙동강!

하늘 가에 간들/ 꿈에나 잊을쏘냐

잊힐쏘냐― 아―하―야

― 조명희, 「낙동강」 중에서

사회주의 의식이 투철한 지식인조차 '영남의 젖줄'이라는 다소
낭만적인 표현을 쓸 정도로 낙동강은 영남 땅의 어머니와 같은 존재
였다.

낙동강은 강원도 태백시 황지에서 발원해 경북 봉화군의 산지
사이를 요리조리 구불구불 밧줄처럼 흐르다가 경북의 명산 청량산
앞을 지나 안동으로 접어든다. 안동시 예안면에서 댐에 갇혀 커다란
호수를 이루고 그 물의 일부가 빠져나가 서쪽으로 뻗어 예천군 풍양
면 삼강 지역에서 내성천과 금천을 받아들인 뒤 비로소 커다란 흐름
이 되어 남쪽으로 내려간다. 보통 여기까지를 낙동강 상류로 친다.

경북 상주시를 지나면서 낙동강은 오늘날의 이름을 얻는다. 이
중환은 '낙동(洛東)'이라는 이름이 상주 동쪽이라는 뜻이라고 풀이했
다. 예전엔 상주를 상락(上洛, 위쪽의 가락, 즉 가야) 또는 낙양(洛陽)이라
불렀다. 상주 지역에 삼한 시대부터 사벌국(沙伐國)이 있었고 이를 고
령가야의 일부로 봤기 때문인 듯하다.

상주시 경천대 앞을 거쳐 구미시, 왜관읍, 대구시를 지나 남하
한 낙동강은 창녕군 남지읍 부근에서 다시 동쪽으로 비스듬히 방향

을 틀어 흐르다 경남 양산시 물금에서 남쪽을 향해 꺾어 김해시 부근에서 남해로 들어간다. 지도에서 낙동강의 흐름을 보면 큰 ㄷ 자 모양을 그리며 영남의 주요 부분을 관통하고 있음을 알 수 있다.

> 물이 황지에서 남쪽으로 흘러 낙동강이 되었는데, 동해 가로 산이 있어 바다를 막아 주었고, 지리산의 지맥이 동쪽으로 달려 나가 여러 냇물이 낱낱이 합류하여 바다로 들어갔다.
>
> ― 이익, 「성호사설」 중에서

이중환에게 영향을 준 실학의 대부 이익이 한 말대로 낙동강은 산이 없는 곳에서 흐른 적이 없다. 산이 곳곳에서 길목을 막고 있으면 그 틈으로 강이 흐르는 형세가 계속된다.

낙동강이 젖줄, 자식을 먹여 키운다는 어머니의 의미까지 갖게 된 것은 사람이 마시고 논에 대는 물을 공급해 줄 뿐 아니라 엄청난 토사도 실어다 주기 때문이다. 강 유역에 넓게 퍼져 있는 바둑판 모양의 농경지는 수십만 년 동안 낙동강이 우기 때마다 범람하며 토해 낸 퇴적물이 쌓여 비옥해진 땅이다. 어느 해 비가 많이 와서 강이 넘치면 모래로 뒤덮여서 그해 농사는 망치기 마련이다. 이러한 현상을 조선 시대에는 천번포락(川飜浦落, 하천이 범람해서 강 주변의 농지가 꺼지거나 쓸려 가는 것), 복사성천(覆沙成川, 덮인 모래가 강이 된다는 뜻으로, 둑이 무너지거

낙동강 유역의 넓은 농경지는 비옥하기로 유명하다.

나 강물이 범람해 농토가 모래 천지가 되는 것)이라 해서 그해 세금을 면제해
주었다. 하지만 그다음 해는 강물에 실려 온 유기물 덕분에 농사가
잘됐다. 그래서 조선의 법령집에는 강변 농토에 대한 세금 규정도 세
세하게 마련돼 있었다.

강변의 이쪽은 떨어져 나갔으나 저쪽에 진흙이 생긴 곳을 조사하여
덧붙여 기록하고, 모래로 덮인 곳은 올해에는 급재(給災, 세금 면제)하고

이듬해 모래를 파낸 다음부터 세금을 거둔다.

— 『속대전』 중에서

지금 농사를 짓는 낙동강 주변의 땅들은 높은 인공 제방으로 분리돼 인간의 영역에 속하게 됐지만 원래는 모두 강이 거느렸던 땅들이다. 제방 안에 갇혀서도 낙동강은 쉬지 않고 모래와 자갈을 운반해서 굽이치는 곳곳에 아름다운 모래톱을 만들었다. 하지만 대부분 4대강 공사로 흔적도 없이 사라졌다. 강이 오랜 세월에 걸쳐 이뤄 놓은 것을 인간이 완력으로 단 이 년 만에 절단 낸 것이다. 다행히 낙동강 상류와 지류에는 아직 빼어난 모래 지형이 남아 있다.

사대부의 정취를 느끼다

낙동강 상류

낙동강 상류의 병산서원 앞 강변에는 길이 1.2킬로미터, 폭 120미터의 커다란 모래톱이 있다. 그곳에서 3킬로미터 남짓 떨어진 곳에 있는 하회 마을은 한반도의 대표적인 물돌이 마을로, 유네스코 세계 문화유산으로 등재됐다.

5 모래톱이 있는 풍경, 낙동강, 감천, 회천, 섬진강

모래톱이 있는 도(道)와 이(理)의 공간
병산서원

영남 지방은 도학(성리학)의 고장이다. 특히 낙동강 수계에 해당하는 안동, 영주, 예천은 영남 사대부, 사림의 본거지로 조선 유교 문화의 핵심이었던 곳이다. 사림은 중종 이후 조선 조정에 도학을 수련한 인재를 공급하는 역할을 했다. 특히 서원은 영남 사대부들의 정신 수련장이자 학습장이고, 앞서 간 사림의 스승에게 제사를 지내는 장소이며, 사림들이 단결하는 근거지였다.

그런데 비중 있는 서원은 하나같이 강이 내려다보이는 언덕에 자리한다. 널리 알려진 것만 들어 봐도 경북 영주시의 소수서원(죽계천), 안동시 도산면의 도산서원, 풍천면의 병산서원, 상주시의 도남서원, 대구시 달성군의 도동서원(이상 낙동강), 예천군 호명면의 도정서원(내성천), 구미시 선산읍의 금오서원(감천) 등이 있다.

조선 선조 때 문신 서애 유성룡은 그의 형 유운룡이 구미에서 벼슬할 때 금오산 기슭에 자리 잡은 고려 말 성리학자 길재의 묘를 둘러보고 그 옆에 세워진 금오서원의 입지를 이렇게 기록했다.

풍산후(豊山侯) 유운룡(柳雲龍)이 인동(仁同, 현재 구미의 옛 이름)을 다스린 지 삼 년에 길자(吉子, 길재)의 무덤을 크게 수리하였다. 그 무덤의 왼쪽에는 높은 언덕이 있고, 앞으로는 흐르는 낙동강을 굽어보고 뒤로는 오봉(烏峰, 금오산)을 의지하였으니, 넓은 들판이 펼쳐져 있고 안개 낀 모래밭이 아득하다. 그것을 보고 즐거워하여 점을 치고 계획도

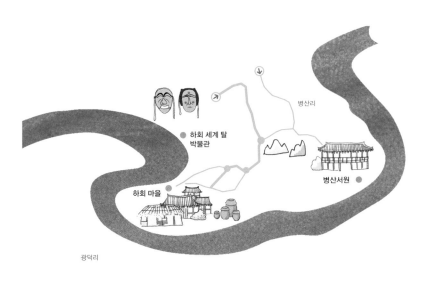

낙동강 상류 병산서원, 하회 마을

하회 세계 탈
박물관

병산리

하회 마을

병산서원

광덕리

낙동강 지류 감천

선산읍

개령면

태촌리

고아읍

예리

동부 연지

김천시

직지사

김천 세계
도자기 박물관

금송리

구미시

대성리

신안리

섬진강

화개 장터

쌍계사

최 참판 댁

평사리

악양천

광덕리

하동 송림 공원

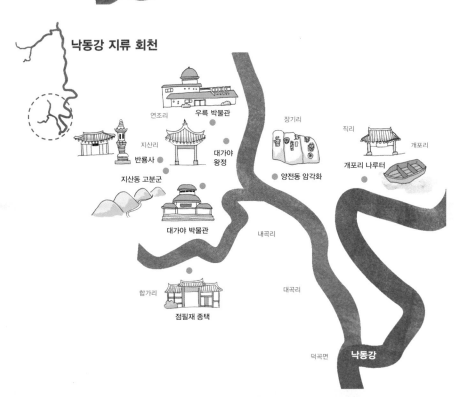

낙동강 지류 회천

우륵 박물관

연조리

장기리

직리

지산리

대가야
왕정

양전동 암각화

개포리

반룡사

개포리 나루터

지산동 고분군

대가야 박물관

내곡리

합가리

대곡리

점필재 종택

덕곡면

낙동강

세워 그 위에 서원을 짓고 사당을 만들어 선생의 제사를 받들었다.

— 유성룡, 「지주중류비(砥柱中流碑)」, 『서애 선생 문집』 19권 중에서

예로 든 서원 중 몇몇이 들어선 지형을 자세히 들여다보면 한 가지 공통점을 발견할 수 있다. 포털 사이트 위성지도 서비스에서 도정서원과 도동서원을 검색해 보자. 도정서원은 내성천이 보문교에서부터 누운 S 자 모양으로 구부러지며 감싸고 있는 낮은 산 위에, 도동서원은 낙동강이 경북 고령군 성산대교에서부터 서서히 휘며 만드는 뒤집힌 S 자 모양의 아랫부분에 있다. 사림들은 강이 S 자 곡선을 그리는 곳 주변 언덕, 강이 잘 내려다보이는 곳에 서원을 세웠다. 왜 그런 곳을 선호했을까? 단지 강을 내려다보는 풍광이 수려해서?

우리가 모래톱의 풍경으로 제일 먼저 찾아갈 곳은 낙동강 상류의 병산서원이다. 병산서원은 낙동강이 너른 풍산 들녘을 향해 큰 호를 그린 뒤 반대편으로 부드럽게 꼬리를 내리는 S 자의 끝 지점에 자리하고 있다. 병산서원 앞 강변에는 길이 1.2킬로미터, 폭 120미터의 커다란 모래톱이 있다. 온전하게 모래만 있는 부분이 그 정도다. 강변 식물로 덮인 곳까지 포함하면 모래톱의 길이가 3킬로미터나 된다.

병산서원은 서애 유성룡의 위패를 모시고 기리는 곳인데 서원을 병풍처럼 마주 보고 있는 앞산 병산에서 이름을 따왔다. 병산 아래쪽은 오랜 세월 낙동강의 침식 공격을 받은 탓에 깎아지른 절벽이 됐다. 병산서원의 뒷산은 하회 마을까지 이어지는 화산(花山)이다. 서원을 감싸고 있는 배산(背山)의 이름을 따르지 않은 점이 특이하다. 1572년 지금 자리에 터를 잡고 1863년 조정에서 현판, 서적, 노비를

병산서원 만대루

하사받아 사액서원이 됐다.

그동안 병산서원은 서원 건축의 백미로 꼽히며 답사 안내서나 고건축 개론서에 자주 소개됐다. 서원 전면에서 낙동강을 조망할 수 있는 누각 만대루(晩對樓)의 늠름함과 아름다움, 화산의 경사를 따라 서원 건물이 배치돼 그 높이에 따라 달라지는 조망, 건축에 사용한 돌과 나무의 다듬어지지 않은 자연스러움 등을 많은 전문가들이 칭찬했다.

이 책에서는 도학의 관점에서 왜 영남의 서원들이 강변에 세워졌는지 따져 보기로 하자. 한반도의 곡류가 S 자 모양을 그리는 지점을 풍수지리에서는 산과 물이 함께 만드는 산태극수태극이라 한다.

클 태(太)와 지붕의 가장 높은 부분인 용마루 극(極)을 합친 태극(太極)은 광대무변한 끝, 어떤 질서와 형체도 드러나지 않은 태초의 혼돈 상태를 나타낸다. 크다[太]는 것은 넓이의 끝이 없다는 것이고 높음[極]은 위아래로 한계가 없다는 것이니, 어떠한 제한이나 규제도 받지 않는 태극은 인간의 개념이나 말로 표현할 수 없는 심연과 같은 것이다.

원초적 상태의 태극은 움직이고[動] 멈추는[靜] 양과 음의 대립으로 나뉘어 드러난다. 음양이 서로 혼융하는 모습을 상징하는 태극 문양, 붉음과 푸름이 조화를 이루는 태극기의 가운데 부분을 연상하면 이해가 쉽다. 그런데 음과 양은 각자 고정불변한 실재가 아니며 서로 뒤바뀜이 가능한 변(變)과 역(易)의 요소다. 우리가 흔히 극단적이라는 말을 쓸 때는 갈 데까지 가서 되돌릴 수 없는 경우를 말하는

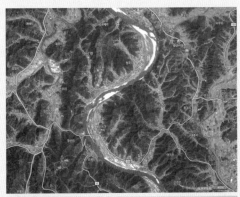

경상남도 창녕군 부근 위성지도에서는 낙동강 태극 문양을 잘 볼 수 있다.(위) 경상북도 안동시 도산면 낙동강.(아래)

5 모래톱이 있는 풍경, 낙동강, 감천, 회천, 섬진강

데 원래 극의 본질은 거기서 끝나 버리는 것이 아니라 다시 방향을 바꿔 되돌아오는 것, 부드럽게 휘는 것이다. 지구의 북극과 남극을 떠올려 보자. 극지방은 뾰족한 끝이 아니라 극점을 넘어 다시 적도 쪽으로 돌아올 수 있는 변곡점, 방향이 바뀌는 둥근 지점이다. 강은 자신과 다른 것을 배척하는 대신 감싸 안고 흐른다.

한반도의 강은 산이 물을 막고 물이 산을 깎는 형국으로 흐른다. 곡류의 S 자, 즉 태극 문양을 그리면서. 산이 양이고 물이 음이라면 모래는 거기서 생겨난 자식이다. 모래는 바람이나 물처럼 형체가 고정되어 있지 않으며, 고체이지만 기체나 액체처럼 움직이고 흐른다. 작은 입자들의 합인 모래의 형체 없음은 부드러움, 유연함, 변화무쌍함과 관계가 있다. 강과 함께 흐르는 모래는 강의 또 다른 얼굴이며 현신, 아바타이다.

노자는 『도덕경』에서 "큰 도(道)는 넘쳐흘러 좌우를 적시지 않는 곳이 없다.(大道氾兮 其可左右)"라고 했다. 도(道)란 곧 물이 흘러가는 길이며, 강은 도를 가장 잘 드러내는 자연의 상징이다. 모래와 물이 함께 굽이쳐 흐르는 강이 보이는 곳은, 태극과 음양의 원리인 도를 관상하고 사유할 수 있는 가장 좋은 장소다. 바로 이런 이유 때문에 경상도 서원들은 하나같이 모래강이 내려다보이는 곳에 자리 잡은 것이다.

주소: 경상북도 안동시 풍천면 병산리 30

전화: 054-858-5929

홈페이지: www.byeongsan.net

강과 모래톱이 있는 최선의 거주지
하회 마을

2010년 7월 유네스코 세계 문화유산으로 등재돼 세계에 널리
알려지기 전에도 경북 안동시 하회 마을은 한국 촌락 문화의 자랑이
었다. 하회 마을을 둘러본 이중환이 오죽하면 이런 평가를 했을까.

오직 시냇가에 사는 것이 평온한 아름다움과 시원스러운 운치가 있고
또 물 대기 좋고 농사짓는 이점이 있다. 무릇 시냇가에 살 때에는 반드
시 고개에서 멀리 떨어지지 않은 곳이라야 한다. 그래야 평시나 난세
나 모두 오랫동안 살기에 알맞다. 시냇가에 살 만한 곳으로는 영남 예
안의 도산과 안동의 하회를 첫째로 꼽는다.

— 이중환, 『택리지』(이익성 옮김, 을유문화사, 2002) 중에서

이중환이 제일로 꼽은 거주지 하회 마을은 병산서원과 직선거
리로 3킬로미터 남짓 떨어져 있다. 이곳 역시 낙동강이 S 자 모양을
그리는 곳에 터를 잡았다. 항공사진을 보면 하회의 물돌이 지형은 다
른 마을과는 비교가 안 될 정도로 크다. 강변 모래톱의 왼쪽 끝에서
마을의 오른쪽 끝까지 폭이 1킬로미터가 넘고, 위아래 길이는 800미
터나 된다. 앞에는 낙동강의 맑은 물과 아름다운 모래가 있고 산이
주변을 에두르고 있으니 한반도의 대표적인 물돌이 마을이라 할 만
하다. 마을 뒤편에는 넓은 농토가 펼쳐져 있다.

산의 땅 경상도에서는 낙동강 수계를 따라 강물에 의한 침식과

경상북도 안동시 하회 마을 항공사진

퇴적 작용이 일어나면서 작은 유역 분지가 자연적으로 발생했다. 곳
곳의 유역 분지에 성이 같은 친족 집단이 정착하면서 혈연 중심의 마
을이 형성됐다. 그리고 이 마을을 중심으로 독특한 촌락 공동체 문화
가 꽃피었다.

　　마을과 강은 무슨 관계일까? 강은 사람들에게 물만 주는 것이
아니라 땅도 주었다. 지금까지 우리는 강이 물만 공급한다고 좁게 생
각했다. 하지만 인간이 거주하는 강변의 땅들은 강이 수백만 년 흐
르면서 침식 및 퇴적 작용을 거쳐 만들어 낸 삶의 터전이다. 특히 산
이 많은 영남 지역에서는 낙동강의 본류와 수많은 지류들이 산골짜
기 저지대를 흐르면서 땅을 깎고 토사를 쌓아 놓은 분지 지형에 마
을이 발달했다. 이중환이 경상도를 답사하면서 발견한 사대부 마을
들은 대부분 구릉 사이로 흐르는 하천 주변, 특히 태극 문양으로 꺾

이는 만곡(彎曲) 돌출부에 자리한다.

하천 퇴적 지형이라 토질이 비옥하고 주변 경치가 아름다워 조선 시대에 영남 사대부들이 집중적으로 근거지로 삼은 이런 천변 촌락을 계거촌(溪居村)이라 한다. 땅의 수확량이 풍부하고 음풍농월할 수 있는 수려한 산수가 있으니 더할 나위 없이 좋았을 것이다.

모래톱 습지에 농사를 지으려면 우선 땅을 개척해야 한다. 달뿌리풀, 관목, 버드나무 등 모래톱에서 자라는 전형적인 습지 식물로 뒤덮여 있는 땅을 개간하고 길들여야 한다. 하회 마을에는 "허씨 터전에 안씨 문전(門前)에 유씨 배반(杯盤)"이라는 말이 남아 있다. 고려 시대 중엽 맨 처음에 허씨 집안이 들어와서 농토와 마을 터를 닦아 놓고, 그다음에 안씨 집안이 집을 짓고, 그다음에 비로소 유씨 집안이 술상에 음식을 차려 놓고 즐겼다는 뜻이다. 이 말은 마을이 농사 짓고 살 만한 곳으로 모습을 갖추기까지의 과정을 의미심장하게 전해 준다. 양반, 사대부, 승려 들을 조롱하고 풍자하는 하회별신굿탈놀이의 탈을 허 도령이 만들었다는 전설에서도 초기에 힘겹게 마을을 일군 농민들의 정서를 엿볼 수 있다. 하회별신굿에는 마을의 지배층인 사대부 유씨는 참여하지 않았고, 나머지 평민을 중심으로 광대와 산주(山主, 하회별신굿탈놀이에서 제사를 주관하는 사람)를 뽑고 십오 일 동안 준비 과정을 거쳤다. 파계승, 양반 선비의 위선을 폭로하는 내용 덕분에 성리학 중심의 숨 막히는 향촌 지배 질서 아래에서 잠시나마 숨구멍을 틀 수 있었다. 하회 마을에서 신명 나게 한판이 벌어지면 서울과 충청도에서도 구경꾼이 몰려들어 마을이 북새통이 되었다고 한다.

하회 마을 부용대를 마주 보고 있는 모래톱

　하회 탈춤이 농민들의 민속놀이였다면 줄불 놀이는 사대부들
의 풍류 섞인 오락이었다. 무더운 여름밤, 마을 앞 절벽 부용대에서부
터 강 건너편 백사장까지 새끼줄을 길게 늘어뜨린다. 새끼줄에는 뽕
나무 숯가루와 소금을 창호지로 싸고 끝에 마른 쑥을 매단 발화성
주머니 수백 개를 달았다. 맨 아래 주머니에 불을 붙이면 차례로 옆
주머니로 불이 옮겨붙으면서 강 위로 불꽃이 떨어졌다. 이때 불꽃이
꽃잎처럼 떨어진다 하여 낙화(落火) 놀이라고도 했다. 사대부들은 낙
동강에 배를 띄워 주연을 베풀면서 시를 읊었다. 강변 모래톱에는 사
람들이 운집해 밤하늘의 불꽃을 즐겼다. 오늘날로 치면 수상 불꽃놀
이였던 셈이다.

　하회 마을에는 다른 곳과는 비교가 안 될 정도로 감성이 풍부
하고 표현 양식이 다양한 민속놀이들이 남아 있다. 그런 놀이를 만들

어 낸 사람들의 심성에는 마을을 품고 있는 자연 지형이 영향을 미쳤을 것이다. 아이들은 모래톱에서 씨름을 하며 뒹굴고, 모래성과 집을 쌓고, 여름에는 찜질을 하며 논다. 얕은 강에 들어가 물고기를 잡고 백로나 왜가리가 긴 다리를 교차하며 걷는 모습을 보며 자란 아이들은 분명히 감성이 더 풍성했을 것이다.

몇 년 전까지만 해도 하회 마을의 모래톱은 아름답기로 유명했다. 마을을 둘러싸고 있는 모래톱은 둘레가 2킬로미터쯤 되는데 지금은 풀과 관목으로 뒤덮인 곳이 70퍼센트를 넘는다. 포털 사이트 다음(Daum)의 지도 서비스 '스카이뷰'로 2008년과 최근의 하회 마을 상공을 비교해 보면 그 차이가 확연히 드러난다. 2008년에는 마을 아랫부분의 제방 근처에만 무성하던 식생이 최근에는 마을 왼편 앞쪽까지 뒤덮고 있는 모습을 볼 수 있다. 가장 아름다운 모래 지형 중 하나로 꼽히던 곳이었는데 대체 무슨 일이 생긴 것일까?

하회 마을은 현 2008년(위)과 2011년(아래)의 하회 마을

식생 덮인 모래톱

재 2~3미터 높이의 인공 제방 안쪽에 위치해 있다. 물난리를 피하기 위해서 1982년에 인공 제방을 새로 만들었는데, 일흔이 넘은 마을 어르신들의 이야기를 들어 보면 그분들이 어렸을 때에는 강이 실어 온 퇴적물이 쌓인 낮은 강둑(자연제방)만 있었다고 한다. 모래톱도 풀 한 포기 없이 깨끗했다. 삼 년마다 한 번씩 큰물이 지면 모래가 쓸려 갔다가 다시 쌓이는 통에 풀이 자라지 못했다. 물도 깨끗해서 은어가 비늘을 반짝이며 강을 거슬러 올라오면 바로 잡아 모래톱에서 구워 먹었다.

모래톱에 변화가 생기기 시작한 것은 1977년 안동댐이 들어서면서부터다. 큰비가 와도 댐이 물을 가둬 버리니 모래 공급이 끊기고 그 대신 풀이 자라기 시작했다. 생명력이 끈질긴 달뿌리풀부터 시작해서 그다음에 관목이 뿌리를 내리고 버드나무까지 자라는 등 지금은 다양한 식생을 확인할 수 있다. 모래톱의 육지화가 빠르게 진행되는 중인데 운이 나쁘면 몇 년 안에 하회 마을에서 모래를 구경하기가 힘들어질지도 모르겠다.

주소: 경상북도 안동시 풍천면 하회리 749-1
전화: 054-853-0109
홈페이지: www.hahoe.or.kr

**병산서원과
하회 마을을
즐기는 법**

병산서원을 찾아가다 보면 처음에는 분노하고 안타까웠다가 나중에는
오히려 위안을 받게 된다. 풍천면사무소를 지나 916번 국도를 타고 달
리다가 병산서원 쪽으로 우회전하면 낙동강에서 파낸 토사를 산처럼 쌓
아 놓은 농경지를 만난다. 농사를 지어야 할 땅에 준설토를 쌓아 농지개
량을 하는 현장이다. 비탈진 길에 올라서면 강이 보인다. 4대강 공사로
인부들이 모래를 파헤치고 있다. 그나마 위로가 되는 것은 병산서원 진
입로다. 아직도 아스팔트가 깔리지 않은 비포장도로다. 선비들이 심성
을 연마하는 장소였던 서원을 찾아 들어가기에 딱 맞게 고즈넉하다.
병산서원의 집채들을 천천히 둘러보고 모래톱을 거닐어 보자. 상류의
출발점에서 하류의 종착점까지 천천히 걷는 데 한 시간은 걸린다. 모래
의 사색에 빠져 걷고 난 후 차에 오를 때가 되면 목은 이색이 적절하게
지적한 대로 현실 세계로 돌아온 자기 자신을 발견할 것이다. "앉아서 사
계가 광활함을 보고는/ 문득 세속으로 돌아와 버렸네(坐看沙界闊 却向俗
中還)"(이색, 「박총랑(朴摠郎)의 시권(詩卷)에 제하다」, 『목은집(牧隱集)』)
병산서원에서 하회 마을까지 산책로가 나 있다. 병산서원에서 나와 오
른쪽으로 가면 하회 마을로 가는 길 표지판이 있다. 식생이 자란 모래
톱을 왼쪽에 두고 평지를 1.3킬로미터 정도 걸으면 하회 마을 뒷산으로
오르는 산길이 나온다. 산길을 포함해 전체 거리는 약 4킬로미터. 천
천히 걸으면 한 시간 삼십 분 정도 걸린다. 하회 마을에서 하룻밤 묵으면
서 마을과 주변을 둘러보는 여유를 가져 보자.

5 모래톱이 있는 풍경, 낙동강, 감천, 회천, 섬진강

물안개 사이로 떠오르는
아련한 모래톱
낙동강 지류

경북 김천과 구미를 흘러 낙동강에 합류하는 감천, 고령의 젖줄 회천도 빼어난 모래
톱 풍광을 자랑한다.

굴곡진 태극 문양 대칭이 완벽한 강

감천(甘川)

달콤한 강 감천은 경북 김천시와 구미시를 흘러 낙동강에 합류하는 길이 67킬로미터의 지류다. 예로부터 이 지역은 쌀을 비롯한 곡식농사가 잘돼서 삼한 시대 감문소국(甘文小國)이 있었던 곳으로 전해진다. 이후 신라 진흥왕 때인 557년에 감문주(甘文州)를 설치했다가 나중에 없앴는데, 감(甘)이 김으로 바뀌어 김천이라는 지명으로 살아남았다. 강의 이름이 시대에 따라 자주 변하는 데 반해 감천은 유래가 꽤 오래된 셈이다.

문헌을 찾아보면 조선 시대에도 이 강을 감천이라 부르고 있었다. 1470년에 서거정이 지은 「개령현(開寧縣) 동락정(同樂亭) 기문」에는 감천의 경관, 특히 모래톱에 대한 묘사가 많다.

1468년(세조 14년) 개령현(지금의 경북 김천시 개령면)에 부임한 수령이 어느 날 객관 근처에서 구릉을 발견하고, 그 위에 올라가 주변을 둘러보니 경치가 하도 좋아 정자를 짓기로 했다. "주위를 둘러보니, 그 앞에 동서로 수십 리에 걸쳐 감천이 흐르는데, 물이 구불구불 천천히 흘러 논에 물을 대기에 좋았고 기름진 들에 농지가 끝없이 펼쳐져 있었다. 또 무성한 숲과 쭉쭉 뻗은 대나무와 평평한 모래밭과 굽이진 모래톱이 좌우를 두르고 있었다. 무릇 산천 경물들이 앞에서 재주를 뽐내는 것이 마치 눈과 귀와 대화하고 마음과 정신과 대화하는 것 같았다." 수령이 구릉의 덤불과 잡목을 제거하고 두어 칸 정자를 지었는데 사치스럽지도 누추하지도 않았다고 서거정은 적고 있

다.(서거정, 『사가문집』 2권)

　개령현 수령이 그 경치를 보면서 감탄한 대로 현재 개령면 일대
를 흐르는 감천은 수려한 풍광을 자랑한다. 이중환도 높은 산이 없
는 들판에 자리 잡은 수많은 시냇가 마을 중에서 감천 주변을 네 번
째로 좋은 곳으로 치고 있다. "황악산에서 발원한 감천은 시냇물을
기름진 논에 관개할 수 있어 사람들이 풍년과 흉년을 모른다. 여러
대를 내려오면서 부유한 자가 많아 풍속이 매우 순후하다." (이중환, 『택
리지』(이익성 옮김, 을유문화사, 2002))

　지금도 창공에서 감천 유역을 내려다보면 이곳이 경북의 곡창
지대라는 말을 실감할 수 있다. 김천 시내를 빠져나와서 넓게 퍼져
있는 평지가 개령 평야이고, 구미시 선산읍으로 넘어가 감천이 태극
문양을 그리고 있는 곳부터 낙동강과 합류하는 지점까지의 너른 농
토가 선산 평야이다. 이곳의 강폭은 350미터나 된다. 구미시 선산읍
시가지에 이르러 강물은 오른쪽으로 누워 있는 거대한 S 자 모양을
그린다. 포물선 형태의 이차함수 그래프 두 개를 반대로 뒤집어 붙여
놓은 것처럼 곡선이 아름답다. S 자의 정수리부터 발끝까지는 거리가
거의 6킬로미터나 된다. 하지만 안타깝게도 완벽하게 대칭을 이루고
있는 감천의 태극 문양을 지상에서 볼 수 있는 전망대는 하천 주변
에 없다. 충적평야 지대라 높은 산이 많지 않기 때문이다.

　잡풀과 관목이 많이 나 있기는 하지만 아직도 커다란 모래톱들
이 강변의 좌우를 두르고 있다. 감천 모래톱의 너그러운 풍경을 가까
이서 보려면 선산읍 밑의 강 하류 쪽으로 가야 한다. 33번 국도가 지
나는 선주교 밑으로 내려가면 감천 모래톱을 밟아 볼 수 있다.

커다랗게 굽이치는 감천이 수십만 년 침식하고 범람하며 만들어 낸 충적평야가 넓게 펼쳐져 있다.

위기에 처한 꼬마 민물고기 흰수마자

감천 주변에서는 4대강 공사로 낙동강 수계에서 사라져 가고 있는 멸종 위기 동물인 민물고기 흰수마자가 발견됐다. 잉엇과 물고기라 잉어처럼 클 것이라고 착각하기 쉽지만 흰수마자는 성인의 새끼손가락 정도 크기

까지만 자란다. 흰수마자는 감천처럼 모래가 많고 물이 맑은 하천에 주로 산다. 평소에는 물속 작은 곤충을 잡아먹다가 위험이 닥치면 모래 틈으로 숨어 버린다. 낙동강 모래를 대규모로 준설하면서 흰수마자의 서식지는 거의 파괴됐다. 그나마 남아 있는 낙동강 지류의 모래가 이들을 보듬고 있는데, 본류가 변화하면서 감천에 어떤 영향을 줄지 모르는 상황이다.

동부 연지

감천의 태극 문양이 가까이 있는, 삼한 시대 연못이다. 옛 감문국 도읍지의 궁궐에 있던 연못 일부가 오늘날까지 남은 것이다. 감천이 범람했을 때 마을을 보호하기 위해 옆 강둑에 오백 년 전에 심은 버드나무 군락도 눈길을 사로잡는다.

주소: 경상북도 김천시 개령면 동부리 185

직지사 주변

황악산 기슭의 천육백 년 된 대찰이다. 1000개의 불상을 모신 천불전으로 유명한 사찰 경내를 둘러보고 절 앞에 조성돼 있는 직지 문화 공원을 산책하면 좋다. 공원 한쪽 끝에는 김천 세계 도자기 박물관도 있다. 재일 교포가 수집, 기증한 도자기 1000여 점이 소장돼 있는데, 아름다운 유럽 도자기와 크리스털이 주종을 이루고 있다.

주소: 경상북도 김천시 대항면 대성리 216

전화: 054-436-6084

김천 세계 도자기 박물관: www.gimcheon.go.kr/mini/museum

김천 직지
나이트 투어

토요일 점심시간 무렵에 김천에 도착했다면 감천을 감상하고 직지사로 가서 이 투어에 참여해 보자. 4월부터 10월까지 한 달에 한두 차례씩 아이들이 등교하지 않는 '노는 토요일'에 맞춰 진행한다. 재미있게도 참가자들은 짚신을 신고 직지사를 참배해야 한다. 저렴한 비용으로 오후 5시 30분부터 네 시간 동안 다양한 체험 프로그램, 도자기 박물관 관람은 물론 저녁 식사까지 즐길 수 있다.

전화: 054-420-6633(김천시 문화관광과)

홈페이지: nighttour.org

강어귀의 모래톱이 아름다운 강

회천(會川)

강은 혼자 크는 법이 없다. 퐁퐁 솟는 샘물로 작게 시작하지만 졸졸대는 시내와 개울을 여럿 합쳐 몸을 불리고 기골이 장대해진다. 산속에서 태어난 한반도의 수많은 강도 골짜기를 거쳐 고른 땅으로 나오면서 굵은 수맥부터 실핏줄처럼 가는 물줄기까지 빨아들인다. 사실 처음의 작은 물줄기가 짙푸른 물결이 넘실대는 하류의 뿌리라고 말하기도 힘들다. 인간의 편의상 그 시내가 강의 원천이라고 규정할 뿐이다.

강은 보통 그것이 흐르는 지역을 따라서 이름을 붙이는 경우가 많다. 낙동강은 상락(지금의 상주)의 동쪽을 흐르는 강이라 해서 얻은 이름이다. 지금도 상주시에는 '낙동면'이 행정 지명으로 남아 있다. 영산강은 전남 나주시의 옛 포구 영산포를 통과해서 붙은 명칭이다. 영산포는 신안군 앞바다의 영산도 사람들이 왜구의 노략질을 피해 대거 이주해 살았던 곳이라 그리 불리는데, 섬 이름이 포구를 거쳐 강까지 이른 것이다.

그런 면에서 대가야의 중심지였던 경북 고령군의 젖줄 회천(會川, 모인 강)은 이름이 좀 특이하다. 낙동강의 지류인 이 강은 경남 합천군의 가야산 북서쪽 비탈 해발 1430미터에서 발원해 김천시 증산면을 지나면서 대가야의 강이라는 뜻인 '대가천(大伽川)' 간판을 단다. 북동쪽으로 울퉁불퉁한 산지 사이를 포복한 채 가다가 성주댐에서 잠시 쉰 후, 남동쪽으로 방향을 틀어 성주군을 빠져나와 고령군으로 접어든다. 이 강은 고령군에서부터 비로소 회천으로 불리기 시작하는데, 이후 소가천, 안림천을 끌어들이면서 이름값을 한다.

발원지부터 낙동강에 합류하는 지점까지 따져 측정한 회천의 길이(유로연장)는 약 78킬로미터이고, 지방 하천 등급을 받은 회천의 길이는 약 24.5킬로미터이다. 회천의 흐름을 위성지도에서 추적해 보면 비슷한 등급의 다른 지류와는 눈에 띄게 다른 점이 있다. 강변을 따라 두꺼운 농경지가 잘 발달했는데, 넓은 곳(소가천과 합류하는 고령군 운수면 지역)은 좌우로 폭이 2.5킬로미터나 된다. 그만큼 회천이 강 유역에 기름진 퇴적물을 많이 공급한다는 뜻이다. 예로부터 땅이 비옥했기에 대가야도 이곳에 터를 잡았을 것이다.

고령군과 성주군의 연평균 강수량은 1100~1200밀리미터 정도인데 6~8월에 절반 이상이 집중해서 쏟아진다. 우기에 빗물에 쓸려 강으로 유입되는 토사가 많은 데 비해 회천에는 멋들어진 모래톱이 많지 않다. 이미 오래전부터 하천 퇴적 지형을 농토로 사용하고 있는데다 1992년에 완공된 성주댐이 상류의 토사가 유출되는 것을 막고 있기 때문이다. 군데군데 발달한 모래톱에도 식생이 가득 자라 있다.

회천에서 볼 만한 모래 지형은 낙동강과 합류하기 전, 하류 부분에 있다. 67번 국도가 회천을 따라오다가 멀어지는 지점에서 차도를 빠져나와 둑길로 접어들면 강어귀까지 넓은 제방이 2.4킬로미터나 이어진다. 다른 지류와는 비교가 안 될 정도로 둑의 폭이 넓다. 여름에 회천의 수위가 높아지는 것을 대비해서다. 이 위를 걸어 회천이 낙동강에 합류하는 지점까지 걸어갈 수 있다. 제방 오른쪽 비탈로 왕버드나무가 줄지어 자라는 모습은 다른 곳에서 보기 힘들다. 모래톱

둑길에서 바라본 회천

을 보면서 걷는 재미도 쏠쏠하다. 특히 겨울 저녁, 모래 위에서 몇 갈래로 갈라져 얼어붙은 강물에 반사되는 석양이 아주 인상적이다. 그 정경을 빽빽한 왕버드나무 가지 사이로 한 꺼풀 더 씌워서 보면, 미술관 예술 작품 못지않은 그림이 된다.

회천은 낙동강에 합류하면서 운반해 온 많은 모래를 강어귀에 한껏 쏟아 낸다. 낙동강과 거의 직각으로 만나 부딪히면서 강물의 흐름이 방향과 힘을 잃고 짊어졌던 모래를 와락 내려놓는다. 예전 위성 사진을 보면 흰 모래톱이 강 입구를 틀어막고 있다. 지상에서는 그 끝을 가늠하기 힘들 정도로 규모가 크다. 4대강 공사로 회천 어귀 부근의 모래톱들이 다 파헤쳐졌다. 율지교에서 준설 작업 중인 중장비 엔진 소리가 회천 강둑까지 들려올 정도다. 2010년에는 회천 모래톱 에도 공사 구간을 표시하는 푸른 깃발이 꽂혔다. 낙동강으로 돌출돼

물안개가 자욱한 회천 율지교

있는 부분을 파내 없애려는 것이다. 준설해서 수심이 깊어진 본류의 흐름을 그 부분이 막고 있으니 그 또한 제거 대상이다. 한반도의 강이 만든 생태 풍경 하나가 또 이렇게 모래알로 흩어지고 있다.

강둑 건너편은 경남 합천군 덕곡면이다. 몇 발자국이면 닿을 수 있는 거리지만 수심이 깊고 물살이 빨라서 모래톱을 가로지르는 것은 위험하다. 낙동강 본류로 쓸려 들어가는 물길이 예전과 달라졌기 때문이다. 내려온 둑길을 다시 거슬러 올라가 67번 국도를 타고 우곡교를 건너 우회전해서 낙동강 하류로 6킬로미터쯤 달려가면 율지교가 나온다. 율지교를 건너서 덕곡면사무소 앞을 지나 강둑으로 가면 회천 어귀의 모래톱에 오를 수 있다. 가을이나 겨울에 아침 일찍 나가면 낙동강의 물안개 속으로 빠져들 수 있다. 특히 율지교 아래의 아침 물안개는 환상 여행을 하는 듯한 느낌을 준다.

| 고령군 | 회천이 흐르는 고령군은 충적평야가 발달한 농업에 유리한 지형이다. 선사시대부터 사람이 거주해서 역사 문화 유적이 많다. 강의 퇴적 지형과 연관 지어서 곳곳을 돌아보면 뜻깊은 답사가 될 것이다. 답사를 떠나기 전에 '디지털 고령 문화 대전'을 찾아보면 많은 정보를 얻을 수 있다. |

디지털 고령 문화 대전: goryeong.grandculture.net

| 양전동 암각화 | 선사시대 유적으로 네 곳의 암각화와 수십 기의 지석묘(고인돌)가 있다. 그중 대표적인 것이 고령군 고령읍 장기리의 양전동 암각화다. 회천과 150미터쯤 떨어져 있는 이곳은 알터 마을로 불리는데 천신과 산신이 교감해 알을 낳은 곳이라 한다. 남향의 수직 암벽에 청동기시대 것으로 추정되는 나이테 모양의 동심원, 가면 그림이 여러 점 남아 있다. 고대인들은 제의적이고 주술적인 상징과 기호를 새겨 회천 주변의 농경 공동체가 안녕하고 번영하기를 빌었을 것이다. |

주소: 경상북도 고령군 고령읍 장기리 532

| 주산(主山)의 지산동 고분군 | 역사시대 유적으로는 대가야의 지산동 고분군, 주산성, 왕이 사용하던 우물 '왕정' 등이 남아 있다. 고령군 고령읍을 둘러싸고 있는 주산은 해발 300미터가량의 낮은 산으로 대가야의 무덤과 산성을 품고 있다. 지산동 고분군은 대가야 최고 지배층의 무덤으로 추정되는데 상대적으로 큰 무덤들은 주산의 능선을 따라, 작은 무덤들은 비탈면에 자리하고 있다. 1970년대 말에 발굴하면서 출(出) 자 모양 금동관, 투구, 비늘갑옷, 쇠투겁창[鐵鉾]과 같은 무기류, 등자, 청동 말방울 등의 마구류, 숱한 토기류가 출토됐다. 대형 고분 안에서 수십 명을 순장한 흔적도 발견됐는데 그 규모로 대가야 전성기 왕의 위상을 짐작할 수 있다. 고령을 휘감아 도는 회천 주변 충적평야의 왕성한 생산력, 회천과 낙동강을 통한 활발한 교역이 대가야가 흥성할 수 있었던 물질적 토대였다. |

주소: 경상북도 고령군 고령읍 지산리 산8
사적 79호

대가야 박물관

대가야의 역사를 한곳에서 볼 수 있는 박물관으로 대가야 역사관, 왕릉 전시관, 우륵 박물관 세 군데로 나뉘어 있다. 대가야 역사관은 회천을 끼고 있는 고령 지역의 역사를 시대별로 일목요연하게 정리해 놓은 전시관이다. 왕릉 전시관에서는 국내 최초로 확인된 대규모 순장 무덤 지산동 고분군 44호분의 내부를 원래 모습대로 재현해 놓았다. 우륵 박물관은 가야금을 만든 악성 우륵을 기리기 위한 테마 박물관으로 우륵과 우리 전통음악 관련 유물, 자료를 전시하고 있다.

주소: 경상북도 고령군 고령읍 지산리 460
홈페이지: www.daegaya.net

개포 나루터

고령군 고령읍에서 동쪽으로 약 6킬로미터 떨어진 개진면 개포리 낙동강 곡류 지점에 있는 옛 포구로, 개산포(開山浦), 개진포(開津浦) 등으로도 불렸다. 대가야 시대부터 1970년대까지 고령의 수운 관문으로 특산품인 도자기와 기와가 실려 나간 곳으로 유명하다. 조선 시대 태조 때인 1398년에 강화도 선원사에 있던 『팔만대장경』을 합천 해인사로 옮길 때 개포 나루터에서 『팔만대장경』을 배에서 내린 뒤로 '경(經)' 자를 넣어 개경포라 부르게 됐다고 한다. 현재 나루터의 흔적은 찾아보기 힘들지만, 『팔만대장경』 하역을 기념하기 위한 개경포 기념 공원이 조성돼 있다.

그 밖에 가 볼 만한 곳

다양한 역사 체험을 할 수 있게 마련한 대가야 역사 테마 관광지, 조선의 문신 김종직 후손이 지은 조선 후기 고택인 점필재 종택, 불교 사찰 반룡사 등이 있다.

시인의 마음으로
섬진강을 느껴 보다

섬진강은 전북 진안군 팔공산에서 발원해 213킬로미터를 굽이굽이 흐른 뒤 남해 광

양만으로 들어간다. 옛날에는 모래가 많아서 다사강(多沙江), 사천(沙川), 대사강(帶

沙江)으로 불렸다. 고려 말 남해안에 출몰해 극성을 부리던 왜구가 강 하구에 이르렀

을 때 두꺼비 수십만 마리가 울부짖어 왜구를 광양 쪽으로 쫓아냈는데, 그 뒤로 두꺼

비 섬(蟾)을 붙여 섬진강이라 불렀다.

점점 사라져 가고 있는 섬진강 모래톱

섬진강 줄기를 위성지도에서 찾아보면 의외로 모래 띠를 찾기가 힘들다. 강 중간에 식생이 덮여 육지화돼 버린 지형이 자주 눈에 보일 뿐이다. 실제로 강변도로를 따라 달려 봐도 흰 모래톱은 많지 않다. 그 이유는 무엇일까? 우선 1965년에 우리나라에서 제일 먼저 건설된 섬진강 다목적댐 때문이다. 전북 임실군 강진면에 위치한 이 댐은 유역변경식으로 섬진강 상류의 물길 방향을 바꿔 용수가 부족한 동진강에 물을 공급해 준다. 댐이 생긴 지 벌써 사십육 년, 상류의 모래 공급이 끊긴 지 반 세기가 지났으니 하류에 모래톱이 남아 있는 것이 신기할 정도다.

평사낙안(平沙落雁)의 고장
평사리

제대로 된 모래톱은 섬진강 하류에서 볼 수 있다. 전남 구례군에서 19번 국도를 타고 경남 하동군 쪽으로 접어들면 화개면 화개 장터 맞은편 남도 대교 부근에서부터 모래톱이 나타난다. 화개 장터에서 19번 국도를 타고 섬진강 하류 쪽으로 9킬로미터 정도 달리면 오른편에 평사리 공원이 나온다. 이곳은 접근하기도 쉽고 걸어 봄 직하며 안전하게 거닐 수 있는 모래톱으로, 길이는 약 1.5킬로미터이다. 시간 여유가 있으면 앉아서 아이들이 모래성을 쌓고 놀게 해도 좋을 정도로 넓고 편안하다.

경남 하동군 악양면 평사리의 평사(平沙)는 평평하게 퍼진 모래, 즉 모래톱을 뜻한다. '평사'에는 모래가 푸짐하게 깔려 있다는 뜻 외에도 산수가 빼어난 곳이라는 의미도 있다. 중국의 산수화 화풍 중에 '소상팔경도'가 있다. 중국 후난 성에 있는 소수(瀟水)와 상수(湘水)가 합류하는 곳의 아름다운 풍경을 담은 그림을 말하는데, 중국의 유명한 화가들은 모두 한번쯤 이곳을 화폭에 담았을 정도다. 북송(北宋) 시대에 8개의 폭으로 틀이 잡혀 화첩과 병풍에 나눠 그렸는데 고려, 조선, 일본에서도 많이 그렸다. 그중에서도 '평사낙안(平沙落雁)'은 8개 주제 중 하나로 모래톱에 내려앉은 기러기를 그린 것이다.

평사낙안은 그림을 그리는 묵객뿐만 아니라 시인의 시심(詩心)도 자극했다. 겨울을 날 곳을 찾아 먼 길을 날아가다 푸근한 모래톱에 내려앉아 물을 마시는 기러기의 모습은 고향을 그리는 나그네의 마음을 더욱 쓸쓸하게 했다.

구강의 가을 색은 갈대숲에 쇠해 가는데	九江秋色老蒹葭
남쪽으로 돌아가는 기러기 흰 모래사장에 앉네	鴻雁南歸集白沙
계문에 서리 쳐서 나뭇잎 떨어지고	霜落薊門凋木葉
달은 빛나며 상강의 갈꽃을 비추네	月明湘浦映蘆花
구름 가에서 줄줄이 쫓아 나는 모습이 급하고	雲邊趁侶行行急
안개 끝자락 벗어나는 무리가 기울어진 글자 같네	煙際離群字字斜
한밤중 나그네의 침상에 차가운 소리 들리니	半夜寒聲孤客枕
남쪽 하늘 끝에서 소스라치게 꿈이 깨누나	夢魂驚斷楚天賒

— 박세당, 「평사낙안」, 『서계집』

평사리 모래톱에 모여든 독수리 떼

하동 사람들이 마을 이름을 평사리라고 붙인 것도 소상팔경도의 화폭처럼 아름답다는 자부심에서였으리라.

최근 들어 평사리 모래톱에는 평사낙안을 평사낙독(平沙落禿)으로 바꿔야 할 정도로 기러기 대신 독수리 떼가 많이 찾아온다. 모래톱에 내려앉아 햇볕을 쬐는 놈, 얕은 강물에 발을 담그고 물을 마시는 놈, 까마귀 떼와 먹이 다툼을 하는 놈 등 하는 짓도 가지가지다. 강에 제사를 지내러 온 종교 단체 신자들이 돼지머리라도 놓고 가는 날에는 백여 마리가 넘는 독수리들이 모여들어 장관을 연출한다.

주민들 말에 의하면 섬진강에는 원래 독수리가 날아오지 않았다고 한다. 그런데 몇 년 전부터 겨울을 나러 몇 마리씩 찾아오더니 2010년, 2011년이 되자 그 수가 백 마리를 넘었다. 독수리를 처음 본

주민들이 신기해하며 먹이를 준 탓도 있고 4대강 공사의 영향도 있다. 고령군 개진면 박석진교 부근 낙동강 변의 숲이 독수리들의 겨울 서식처였는데 4대강 공사로 나무를 다 베어 버려서 독수리들이 머물 곳을 잃었다. 낙동강 주변에서 겨울을 나기 힘들어진 독수리들이 섬진강으로 날아왔을 가능성이 크다. 독수리들은 밤에 근처 산속으로 들어가 나무 위에서 잠을 자고 낮에 강으로 날아와 모래톱에서 햇볕을 쬔다. 얕은 강물 속에 발을 담그고 물을 마시는 독수리들은 기러기들과 별반 차이가 없다. 12월 초부터 이듬해 3월 초까지 독수리들을 볼 수 있다.

주소: 경상남도 하동군 악양면 평사리
전화: 055-883-9004
홈페이지: tour.hadong.go.kr

고소성
(姑蘇城)

평사리 공원 모래톱에서 섬진강 상류 쪽 오른편에 해발 600미터의 신선봉이 보이고 그 산 중턱에 고소성이 있다. 신라가 백제의 침입을 막기 위해 축조한 산성으로 추정된다. 능선을 따라 사다리꼴 모양의 둘레(1.5킬로미터 정도)를 돌과 자연석을 사용해 튼튼하게 쌓았다. 고소성 주차장에 차를 세우고 잠시만 걸으면 성벽을 만날 수 있다. 성벽에서 내려다보는 섬진강과 모래톱의 풍광이 아름답다.

주소: 경상남도 하동군 악양면 평사리 산31
사적 151호

최 참판 댁

평사리 공원 부근에서 섬진강으로 합류하는 악양천을 따라 올라가면 악양면 평사리와 봉대리에 걸쳐 있는 기름지고 너른 농경지가 나온다. 길이

3킬로미터, 폭 1.3킬로미터나 되는 이 옥토는 지리산 자락에서 흘러내리는 악양천이 오랜 세월 실어 온 토사가 쌓여 형성됐다. 이 악양 평야를 내려다보는 산기슭에 박경리의 대하소설 『토지』의 무대인 최 참판 댁이 자리하고 있다. 최 참판 댁 부근에는 하동과 지리산을 무대로 한 문학 작품을 소개하는 평사리 문학관이 있다. 2005년 건립됐는데 매년 가을에 문학 축제가 열린다. 문인들을 위한 집필실 제공, 일반인을 위한 한옥 체험 프로그램도 있다.

주소: 경상남도 하동군 악양면 평사리 498

전화: 055-880-2960, 2382(최 참판 댁 매표소)

055-880-2950, 2375(종합 관광 안내소)

한옥 체험 프로그램: 055-882-6669, noveltoji.com

하동
송림 공원

평사리 공원에서 11킬로미터 정도 하구로 내려가면 하동 송림 공원이 나온다. 백사청송, 즉 흰모래에 푸른 소나무가 울창한 곳이다. 조선 영조 때 강바람과 모래바람을 막기 위해 조성한 소나무 숲이 오늘날까지 이어져 하동의 명소가 됐다. 남쪽 바다와 가까워 만조 때에는 바닷물이 역류해 수위가 높아져 모래톱이 잠기기도 한다. 이 밖에도 화개 장터, 쌍계사 등은 하동에 왔으면 꼭 한번 들러 봐야 할 곳들이다.

주소: 경상남도 하동군 하동읍 광평리

전화: 055-880-2362(하동군청 문화관광과)

홈페이지: www.hadong.go.kr

모래밭 갈꽃

6 사라지는
모래톱

우주의 모든 사물이 다 그렇듯이 모래 또한 오랜 시간을 거쳐 순환한다. 땅 속의 뜨거운 액체 마그마→마그마가 지표로 분출된 후 굳어진 암석→세월에 의한 풍화 작용→모래→모래가 강을 통해 바다로 이동→모래가 지각의 압력을 받아 다시 암석이 되거나 마그마로 융해. 이런 길고 긴 순환 주기를 거친다. 한반도의 모래 역시 비→강→바다→수증기로 이어지는 물의 순환 체계로 빨려 들어간다. 강이 모래를 삼켜 물의 거대한 순환 고리에 동참시키는 것이다.

순환하는 모래

이제 막 생성돼서 융기하는 유년기 땅은 불을 내뿜고 뾰족한 봉우리와 깊은 계곡을 자랑하지만, 한반도의 노년기지형은 거칠거나 사납지 않다. 어질고 푸근한 강이 산자락 끝을 따라 굽이굽이 얕은 물길을 내고 흐르며 모래를 옮겨 준다. 하구를 향해 아주 천천히 밀려가는 모래의 군단은 자연이 위아래를 번갈아 가며 뒤집어 주는 거대한 모래시계 같다.

사십육억 년 전에 지구가 탄생한 이후 어떤 모래는 다람쥐 쳇바퀴 돌듯 이 과정을 수백 번 거쳤고, 어떤 모래는 이 윤회의 고리에서 벗어나 한곳에 수십만 년 머물기도 했다. 우리 강의 모래만 봐도 그렇다. 낙동강 바닥의 모래 두께는 10미터가 넘는 곳이 많다. 수만 년 전에 떠내려와 밑에 깔린 놈들은 언제 바다로 갈지 기약하기 힘들다. 때맞춰 집중호우를 만난 놈들은 화강암에서 태어나자마자 순식간에 물살에 휩쓸려 김해 삼각주를 지나 바다에 골인하기도 한다. 그야말로 모래의 복불복.

지금까지 나온 모래에 관한 책 중 가장 체계적이고 흥미롭게 최신 연구 결과를 집대성한 노작은 2009년에 미국에서 출판된 『모래, 끝이 없는 이야기(Sand, The Never-Ending Story)』(마이클 웰런드, 캘리포니아 대학 출판부, 2009)일 것이다. 이 책에서 지질학자 마이클 웰런드는 운이 나쁜 어떤 모래 알갱이는 줄을 잘못 서서 이십억 년이나 걸리는 지루한 순환 고리에 갇히는 경우도 있다고 썼다. 그가 예로 든 곳이 남미 베네수엘라 남서쪽 카나이마 국립공원에 있는 거대한 탁자 모양의 사암 봉우리다.

이 지역에는 이십억 년 전 거대한 강이 구불구불 흐르면서 운반해 온 모래가 오랜 세월 퇴적됐다. 바다로 갈 기회를 놓치고 강바닥에 겹겹이 쌓인 모래들은 엄청난 압력에 눌려 사암이 돼 땅속에 묻혀 버렸다. 그러다가 지각 판의 충돌로 지표가 서서히 융기하면서 사암 지대는 높은 산이 됐다. 튀어나오면 매를 맞는 법이다. 고지대의 사암은 모진 풍화로 깎여 나갔고, 버티며 남은 것이 오늘날 카나이마 국립공원 명물인 위가 넓적한 사암 봉우리다. 지구에서 가장 오래된 사암이라는 명예를 안기는 했지만, 봉우리 속

베네수엘라 카나이마 국립공원의 사암 봉우리

6 사라지는 모래톱

모래 알갱이는 이십억 년 동안 바다의 짠물을 맛보지 못하고 있는 셈이다.

거기에 비하면 한반도의 모래는 지금까지 운이 좋은 편이었다. 강물이 쉴 새 없이 실어 날라 주는 통에 수월하게 바다로 갈 수 있었고, 가다 지친 놈들은 강 중간과 어귀에 모래톱을 만들었으니 말이다. 무사히 도착한 모래들은 바닥에 가라앉아 쉬거나, 파도의 도움을 받아 해안가 모래의 띠인 사빈(砂濱), 석호를 만드는 사주의 구성원이 됐다. 어떤 놈은 떠내려가지 않고 강바닥에 쌓인 채 물을 머금고 앉아 헤아릴 수 없는 깊은 곳에 수만 년간 도사리고 있기도 한다. 내성천 같은 모래의 강으로 남아서.

모래톱, 강변의 염전

최근 들어 인간이 터무니없이 개입하면서 한반도 남쪽 곳곳에서 모래의 순환 고리가 무참하게 깨져 나가는 중이다. 4대강 공사 가운데 가장 긴 구간인 낙동강 상공을 비행하면 새로운 지형이 눈에 확 들어온다. 모래로 쌓은 사각 틀 안에 물을 가둬 놓고 모내기라도 하려는 것인가? 비가 오면 금방 쓸려 내려갈 것만 같은 위태로운 둑, 그 위에 올라탄 포클레인 수십 대가 뭔가를 파낸다. 강변의 거대한 모래톱을 여러 개로 등분한 다음 중장비별로 할당해 열심히 삽질을 한다. 얼핏 보면 바닷물을 가두어 증발시키는 염전의 네모나게 구획된 칸처럼 생겼다. 여기서는 바닥에 맺히는 흰 결정체 소금이 아니라, 강물이 수만 년 동안 운반해 온 광물을 캐낸다는 점만 다르다. 건축

해체되고 있는 낙동강 모래톱

자재로 팔 갈색 모래 말이다.

　덤프트럭이 분주하게 돌아다니는 두둑하게 쌓인 둑 안쪽에 탁해진 강물이 고여 있고, 포클레인이 큰 삽으로 물속에서 모래를 한 무더기 퍼 올린다. 도살한 소의 몸통처럼 모래톱을 분할해서 하나씩 하나씩 가운데 부분을 깊이 파낸다. 속을 다 제거하고 나면 마지막으로 테두리를 없애는 단계에 돌입한다. 포클레인들이 천천히 후진하면서 모랫길을 일개미처럼 야금야금 날라 덤프트럭에 싣는다. 지반을 허물어뜨리면서 소멸을 향해 가는 토목공사, 강이 긴 세월 동안 만들어 놓은 모래톱을 단 일 년 만에 박살 내는 놀라운 파괴의 예술이 서슴없이 자행되고 있다.

　　　　　　　　　　　　　　　6 사라지는 모래톱

경상북도 구미, 칠곡, 왜관 지역의 낙동강 주변 경부고속도로를 따라 달리다 보면 언제 들어섰는지 모르는 초록색 산맥을 마주할 수 있다. 분명 일 년 전에는 볼 수 없었던 것들이다. 시속 100킬로미터로 한참을 가도 여전히 옆에서 우리를 따라오고 있는 이 커다란 건조물의 정체는 무엇일까? 지면을 벗어나기 힘든 운전자들은 그 전모를 파악하기 힘들다. 아래쪽 둘레가 자그마치 3킬로미터에 높이 20미터, 부피는 가늠하기도 힘든 이 거대한 초록 덩어리는 바로 모래의 산이다. 사방공사용으로 많이 쓰는 초록 그물을 덮어씌워서 그 안에 모래가 감춰져 있다는 사실을 알기 힘들다. '칠곡군 골재 적치장'이라는 표지판을 보고 나서야 짐작이 간다.

그런데 왜 그물을 쳐 두었을까? 강바닥에서 고이 잠자고 있던 모래가 어느 날 갑자기 상추와 감자를 심던 강변 둔치 밭 위에 수십 미터 높이로 쌓이기 시작한다. 강 주위의 농토 수십만 제곱미터가 영문도 모른 채 모래 야적장으로 바뀐다. 그런데 강변에는 강바람이 세게 분다. 특히 봄에는 강풍이 더 심해서 때로는 4월 황사보다 센 모래바람이 주변 인가, 비닐하우스를 향해 부는 통에 주민들의 항의가 빗발쳤다.(「모래바람 때문에 숨 막힌다, 낙동강 주변 주민들 신음」 기사, 《매일신문》 2010년 12월 6일 자) 모래가 날리지 않게 고육지책으로 생각해 낸 것이 그물이다. 언제 팔려 나갈지 모르지만 건축용 '골재'라는 이름표까지 달았다.

문제는 모래바람이 날리는 지역이 한두 군데가 아니라는 점이다. 퍼낸 모래가 날이 갈수록 많아지면서 강 주변 곳곳이 야적장으로 변하고 있다. 홍수가 일어나 주변 습지에 물이 넘치면 막아 주기라

도로 옆에 쌓여 있는 거대한 모래 방파제

도 하려는 듯, 어떤 도로 옆에는 모래가 방파제 모양으로 쌓여 있기
도 하다. 여기저기에 모래산이 우뚝우뚝 솟으면서 경북 상주, 경남 밀
양 등 4대강 공사가 진행되는 곳은 모두 모래바람 피해 후보지가 되
고 있다.(「4대강 모래바람 황사보다 지독해요」 기사,《경향신문》 2011년 2월 14일 자)

거대한 모래의 신전

남한강의 4대강 공사 구역에는 멀리서 보면 모래의 산맥처럼 보
이고, 가까이서 보면 멕시코 고대 문명의 피라미드 같아 보이는 모
래 건조물이 들어서 있다. 일부러 본 떠 만든 것처럼 모래를 쌓아 올

경기도 여주군 남한강 주변의 모래 피라미드(위)와 만주에 있는 고구려 장군총(아래)

린 모양이 흡사하다. 날리기 쉬운 모래를 몇 단으로 정성스럽게 쌓고 무너지지 않게 촘촘한 그물을 씌웠다. 완성되면 멕시코 고대 문명 피라미드의 거대한 규모를 능가할 수도 있을 것 같다. 방향을 바꿔서 보면 만주에 있는 고구려 무덤 장군총 같기도 하다.

경북 구미 지역에도 또 다른 형태의 모래 신전인 지구라트를 건립 중이다. 지구라트는 고대 메소포타미아에서 점토질벽돌로 쌓아 만든 피라미드인데, 그 정상에 신전이 있어서 국가의 제사나 종교의식을 치렀다고 한다. 모래 야적장은 다양한 문명권에서 영감을 받은 듯한데 중동 이슬람 문화의 고대 건축 요소도 차별 없이 수용하고 있는 것 같다.

4대강 공사에서 최초로 지구라트를 현대적으로 재현하려는 시

230

경상북도 구미시 낙동강 주변의 모래 야적장

도를 한 것은 아니다. 헝가리의 수도 부다페스트에 이미 지구라트 모양의 건조물이 들어서서 도시를 상징하는 건물이 됐다. 포클레인과 덤프트럭 수도 적고 토목 기술도 한 수 아래인 헝가리가 먼저 지구라트를 건립해서 자극을 받았는지 한반도의 모래 신전(?)도 더 거대해질 전망이다.

헝가리 부다페스트 지구라트

6 사라지는 모래톱

모래가 원하지 않는 무덤

강물을 떠난 모래에게 주어진 땅은 얼마나 될까? 4대강 공사를 추진하는 쪽에서는 모래를 무턱대고 쌓기만 하는 것이 아니라 파내는 명분을 살리려고 애쓴다. 강바닥에서 퍼내는 모래와 흙의 양이 5.7억 제곱미터나 되니 골재로 팔아야 하는 것 말고도 어마어마한 양을 처리해야 한다. 그래서 나온 것이 농지개량(농경지 리모델링) 사업이다. 국토해양부는 「4대강 살리기 마스터플랜」에서 "잔여 사토량은 저지대 농경지 성토를 통한 홍수 피해의 근원적 예방 등의 농경지 리모델링 사업 등 공공 목적에 활용"한다는 계획을 밝혔다. 그래서 2010년부터 4대강 인공 제방 근처의 149개 지구 8000헥타르에 달하는 저지대 농경지에 준설 토사를 평균 2.5미터로 덮는 경지정리를 진행하고 있다. 말만 들으면 그럴듯하다.

하지만 자세히 들여다보면 이런 예산 낭비에 위험하기 짝이 없는 공사가 없다. 2010년에 한국농어촌공사가 한 국회의원에게 제출한 자료에 따르면 해당 농경지에서 그동안 단 한 번이라도 침수 피해를 당한 지역은 30퍼센트밖에 안 된다. 게다가 해당 농경지는 그동안 경지정리, 양수 및 배수 시설 설치, 용수로 및 농로 설치 중 최소 하나 이상의 농업 생산 기반 개량 사업이 이뤄진 곳이었다.(김우남 의원 언론 보도 자료(2010년 7월 27일)) 이미 국고를 털어 개량한 농지를 다시 흙으로 덮어 예산을 낭비하고 있는 것이다.

또 다른 문제는 안전성이다. 농촌진흥청이 준설한 토사에 함유돼 있는 중금속, 유해 화합물, 인산 화합물, 황철 화합물 등이 작물

농지를 개량하는 모습

강에서 퍼낸 모래를 쌓아 놓은 모습

생장에 영향을 줄 수 있다는 의견을 냈음에도 정부는 이를 무시하고 4대강 사업을 강행했다. 그동안 낙동강 페놀 사태, 대구와 구미 공단에서 유입된 산업 폐수 등으로 인해 유해 물질이 장기간 축적됐음을 감안하면 준설 토사가 농경지 토양으로 적합하지 않다는 것은 분명하다. 그런데도 넘쳐 나는 토사를 처리하기 위해 거대한 농경지를 마구잡이로 잠식하고 있다.(234~235쪽 사진 참조)

경북 구미시 고아읍 관심리와 예강리 사이에 가면 입이 쩍 벌어지는 광경을 볼 수 있다. 단 높은 곳에 올라가야 보인다. 지상에서는 도저히 그 광경을 감상할 수 없기에 헬기나 경비행기를 타야 하지만, 사정이 여의치 않다면 꿩 대신 닭으로 근처 럭키 전원 아파트(구미시 고아읍 318-1)에 올라가면 목격자가 될 수 있다. 아파트에서부터 낙동강 강변까지 약 2.2킬로미터, 좌우 길이 2킬로미터로 면적이 4.4제곱킬로미터인 이곳은 원래 비닐하우스와 논밭이 있는 농경지였다. 위성지도에서 이곳을 찾아보면 격자무늬가 고르게 펴져 있는 기름진 땅임을 알 수 있다. 그런데 지금은 거무튀튀한 흙벽이 이어져 있는, 모래의 무덤이 돼 버렸다. 농지를 개량한다는 명목으로 수만 제곱미터의 농지를 토사로 깔아뭉개는 대담한 시도를 목격하노라면 저절로 혀를 차게 된다.

광대익선(廣大益善, 넓고 클수록 좋다.)을 구호로 내걸고 한반도에 무지막지한 사막을 만들겠다는 듯 모래를 쏟아붓는 과정을 살펴보자. 먼저 강에서 퍼낸 진흙을 농지 바닥에 두껍게 발라 모래 알갱이 하나 새지 않게 만든 후 진흙 담을 쌓는다. 모래의 무덤을 만들기 전에 쌓은 진흙 담은 칸막이벽 같은 역할을 한다. 포클레인으로 퍼 담은 모래를 덤프트럭이 칸막이벽 안쪽으로 옮기는 데에도 제 나름의 방식이 있다. 마구 쏟아붓는 것 같지만 규정된 안치 스타일을 절대 어기지 않는다. 모래를 쏟을 때에는 늘 어머니의 젖가슴 모양을 유지한다. 대지 위에 봉긋하게 솟은 모래 젖의 모습은 꼭 돈올무늬를 닮았다. 한국의 토건족이 창조한 샌드 엠보싱(Sand Embossing) 하치 방법이라 이름 붙여도 좋지 않을까?

강은 배가 고프다

4대강 개발론자들은 강을 깊게 파고 강폭을 엄청나게 넓혀서 우선 유람선을 띄우고 여론이 잠잠해지면 카지노선 같은 돈벌이 배를 운항하겠다는 꿈을 숨기지 않는다. 그러니 강 한복판을 떡하니 차지하고 있는 모래톱은 눈엣가시 정도가 아니라 목구멍에 콱 박혀 있는 뼈처럼 거추장스러운 존재다. 그러니 당연히 박멸해야 할 대상이 된 것이다.

"강바닥 모래쯤이야." 하면서 모래를 없애 버리는 것을 아무렇지도 않게 생각하는 우리와 달리, 영국, 독일, 프랑스, 네덜란드 같은 유럽 선진국들은 오랫동안 하천을 관리하면서 시행착오를 겪은 끝에 알게 된 금기를 철저하게 지킨다. 그래서 강 수로 내부 채굴이나 준설을 엄격히 제한하고 있다. 그동안 각 나라들은 건축에 필요한 골재를 얻기 위해 강에 퇴적돼 있는 자갈과 모래를 채굴하는 것을 허가해 왔다. 하지만 채굴이 계속될수록 문제가 커지면서, 하천 정책이 바뀌고 채굴에 대한 규제도 강해졌다.

6 사라지는 모래톱

강 속을 채굴하는 모습

　근대적인 하천 토목 기술을 우리보다 먼저 터득해서 시행해 본 그들은 강바닥을 준설했을 때 생태에 미치는 악영향, 즉 하도를 침식시키고 교각 등 구조물을 위험에 빠뜨린다는 것, 수질이 나빠지고 주변 지하수가 고갈된다는 것 등을 경험적으로 체득했다. 유럽 정부는 여러 가지를 고려해, 골재 채취를 할 경우 쌓여서 강물 위로 드러난 모래와 자갈만 살짝 긁어서 파낼 수 있게 허가한다.

　강바닥에서 모래나 자갈을 파냈을 때 발생하는 가장 큰 폐해는 광범위한 바닥 침식이 상류와 하류로 퍼져 강의 형태가 물리적으로 왜곡되는 것이다. 강바닥을 파내면 흐르는 물의 운반 능력과 퇴적물 사이의 균형이 깨진다. 모래와 자갈을 파낸 만큼 실어 나를 것을 잃어버린 강물은 남는 에너지로 강바닥을 깎기 시작한다. 운반할 물질이 없는 물을 배고픈 물(Hungry Water)이라고 부른다. 실어 나를 퇴적물, 즉 먹을 것이 떨어진 물은 강 바닥과 강의 옆구리인 제방을 침식한다. 그중에서도 바닥을 깎아 먹는 것이 더 위험하다. 강바닥이 파이는 세굴(洗掘) 현상이 일어나면서 모래와 자갈을 채굴한 지점의 위아래로 침식이 확산된다. 상류 쪽으로 깎아 올라가는

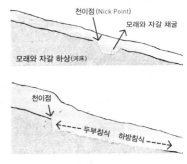

강바닥 침식 과정 개념도

것을 두부침식(Headcutting), 하류 쪽으로 깎아 내려가는 것을 하방침식(Degradation)이라 한다. 두부침식은 길게는 위로 몇 킬로미터 지류까지 진행되는데, 이를 역행 침식(Regressive Erosion)이라고도 한다.

채굴로 바닥이 깊게 파이면 낙차가 생겨서 물살이 더욱 빨라지고 주변 퇴적물을 운반하는 물의 힘도 강해진다. 강물의 흐름을 역학적으로 연구하는 하천 수력학(Fluvial Hydraulics)에 브람스의 법칙(또는 에어리의 법칙)이라는 것이 있다. 강물의 속도가 두 배 빨라지면 물이 운반할 수 있는 물체의 질량은 2^6만큼, 즉 예순네 배 늘어난다고 한다. 홍수 때 빨라진 물살이 집채같이 큰 바위를 옮길 수 있는 것은 바로 그 힘 때문이다.

강바닥 준설은 왜 위험한가

2001년 3월의 어느 일요일 밤, 포르투갈 북부 도루(Douro) 강에 놓여 있던 길이 200미터의 다리가 갑자기 무너져 내렸다. 교각 하나가

BBC NEWS

You are in: World: **Europe**

Front Page Monday, 5 March, 2001, 13:21 GMT

World **Portugal bridge collapse 'kills 70'**

Africa
Americas
Asia-Pacific
Europe
Middle East
South Asia

From Our Own
Correspondent

Letter From One of the bridge's columns is said to have collapsed

America About 70 people are feared dead after a bridge
UK over the River Douro in northern Portugal
UK Politics collapsed, taking a coach and two cars with it.
Business

Sci/Tech The coach is believed to **Entre-os-Rios bridge**
Health have been carrying more ▸ **Built 1885**
Education than 60 passengers. It ▸ **200 metres long**
Entertainment is not yet clear how ▸ **50 metres high**
Talking Point many people were in the ▸ **Linked towns of**
In Depth other vehicles. **Castelo de Paiva**
AudioVideo **and Penafiel**
Local media is reporting ▸ **Carried 1,600**
that two bodies have **vehicles a day**

《BBC 뉴스》에 보도된 포르투갈 도루 강 다리 붕괴 사고

뿌리째 뽑히면서 다리 상판이 강으로 주저앉았다.

불운하게도 때마침 다리를 건너던 버스와 승용차가 강물로 떨어졌다. 버스에는 승객이 육십 명 정도 타고 있었다. 비가 많이 와서 강물이 불어난 상태였고 건설된 지 백 년이 넘은 다리이긴 했지만 (유럽에는 수백 년 된 다리가 많다.) 너무나 급작스레 일어난 일이었다. 총 사망자는 칠십여 명, 포르투갈 건설부 장관이 책임을 지고 바로 사임했고 정부는 이틀 동안 국민 애도 기간을 선포했다.

곧바로 사고 이유를 밝히기 위한 조사가 시작됐다. 다리 아래쪽으로 5킬로미터 떨어진 지점에서 벌어졌던 바다 자갈 채굴이 직접적인 원인이었다. 퇴적물을 파낸 자리에서 시작된 침식 작용이 5킬로미터나 거슬러 올라가면서 다리 기둥이 박힌 강바닥을 깎아 먹었던 것이다. 간접적인 원인은 강 상류의 댐이었다. 퇴적물을 댐에게 빼앗긴 도루 강물은 '배고픈' 상태로 흐르다가 남는 에너지만큼 강바닥과 측

면 제방을 야금야금 갉아먹었다. 강바닥 채굴 때문에 쓸고 내려갈 퇴적물을 잃고, 댐에 막힌 탓에 이고 올 퇴적물을 잃은 '배고픈 물'이 그 대신 강바닥과 다리 기둥을 먹어 치운 것이다.

2009년 8월 21일 금요일 저녁 6시 23분, 아일랜드 수도 더블린과 교외 벨파스트 지역을 잇는 고가 철교로 열차가 진입하자 교각의 중간 부분이 서서히 주저앉기 시작했다. 주말의 퇴근 열차 안에는 승객이 수백 명 타고 있었다. 철교에 이상이 생긴 것을 감지한 기관사는 전속력으로 달리던 열차 속도를 늦췄다. 붕괴하는 교각에 가하는 압력을 줄이고 탈선을 막기 위해서였다. 기관사가 침착하게 대처한 덕분에 열차가 위험 구간을 빠져나오자마자 교각이 붕괴했다. 사고 지점은 작은 강어귀에 오랜 세월에 걸쳐 형성돼 있던 석호의 만곡부 좁은 부분이었다. 가느다랗게 삐져나온 두 육지 사이를 교각이 잇고 있었던 것이다. 특이하게도 이 다리는 강바닥의 기반암이 아니라 바닥에 인공적으로 쌓아 놓은 자갈 둑(Casuseway) 위에 놓여 있었다. 그래서 강한 해류와 조수 간만의 차이에 취약한 구조였다. 조사 결과 교각 하나의 기초 부분이 세굴에 의한 침식으로 꺼져 내린 것(The undermining of one pier's foundation caused by 'scour' erosion)으로 밝혀졌다.

세굴(洗掘, Scour)은 흐르는 물에 씻겨 파인다는 뜻이다. 강물은 기둥이라는 장애물을 만나면 속도가 빨라지면서 소용돌이를 일으켜 기둥의 바닥을 깎아 먹는다. 강바닥이 모래 같은 작은 입자로 되어 있을 경우 세굴 현상은 더 심해진다. 토목공학자들은 강물의 속도, 강바닥의 재질 등을 감안해 세굴의 깊이를 예측하고 다리를 설계하는데, 모래가 많이 퇴적된 강일수록 세굴에 대비해 철저하게 안전 대

6 사라지는 모래톱

책을 세워야 한다.

아일랜드의 붕괴한 다리도 자갈 바닥에 세굴 방지공을 설치했지만 자연적인 조수 간만의 차, 해류에 의한 세굴을 견뎌 내지 못했다. 강바닥에 큰 변화가 없을 때에는 정기적인 안전 점검과 세굴 방지공만으로 다리가 붕괴되는 위험을 예방할 수 있다. 정말 큰 문제는 인간이 개입해서 강바닥에 큰 변화가 일어날 때 발생한다. 강바닥에서 자갈이나 모래를 채굴하거나 강을 준설하는 등 인위적인 침식 요인이 발생하면 보통 때 기둥 주위에서 일어나는 세굴 현상이 더 악화된다. 그래서 미국 연방 정부 교통부(US Department of Transportation)도 「교량의 세굴 평가(Evaluating Scour At Bridges)」라는 방대한 보고서에서 가장 위험한 세굴 상황이 강바닥 채굴, 준설로 인한 하상 저하와 결합한 세굴이라고 경고한 것이다. 채굴 지점에서 시작된 하상 침식이 강 위아래로 퍼지면서 교각의 국부 세굴 지점과 만나면, 설치해 놓은 세굴 방지공도 큰 힘을 발휘하지 못한다. 전체적으로 강바닥이 깎여 나가면 세굴 방지공도 주저앉게 되고 교각의 지반은 거센 모래 물살에 노출될 수밖에 없다.

그 밖에도 2000년 타이완 남부 1번 국도가 지나는 가오핑 강의 다리가 붕괴되는 등 전 세계적으로 강바닥 준설로 벌어진 사고와 피해는 이루 말할 수 없을 정도다. 오죽하면 1995년 미국 연방 정부 교통부가 각 주에 이런 훈령까지 내렸을까. 강바닥 채굴로 발생한 침식으로 손실을 입은 교각에 더 이상 연방 기금에서 복구 비용을 지원하지 않겠다고. 즉 더 이상 피해가 발생하지 않도록 각 주에서 알아서 강바닥 준설과 채굴을 규제하라는 뜻이었다. 일 년 반 만에 낙동강 300킬로미터 구간에서 수심 4미터로 모래 4.4억 제곱미터를 파냈다는 사실을 알면 영국과 미국의 하천 및 환경 전문가들은 과연 어떤 반응을 보일까?

다큐멘터리 "모래강의 신비"를 편집 중이던 2011년 6월 25일 새벽, 경상북도 칠곡군 약목면 낙동강 본류의 '호국의 다리'(옛 왜관 철교)가 무너져 내렸다. 이 책을 쓰면서 해외의 교량 붕괴 사례를 찾아 인용하고 낙동강 다리의 안전을 걱정하던 차에 벌어진 일이었다. 건립된 지 백여 년 된 다리이긴 하지만 1993년 개보수를 거쳐 인도교로 사용하던 중이어서 하루에도 천여 명이 건너다닐 정도였다. 다행히 새벽에 일어난 사고라 인명 피해는 없었다.

무너진 2번 교각에는 교각 보호공도 설치되어 있지 않았다. 사고 초기 시공사와 감리사는 해당 교각이 강물 밖 둔치에 있었기 때문에 보호공을 설치할 필요가 없었다고 변명했다. 담당 관청인 부산지방 국토 관리청 간부는 세금을 절약하는 차원에서 보호공을 시공하지 않았다고 둘러댔다.

하지만 2008년 촬영한 항공사진을 보면 무너진 2번 교각은 둔치가 아니라 분명히 강물 속에 박혀 있다. 사고의 정확한 원인은 전문가들이 참여한 현장 조사를 통해 밝혀지겠지만, 강바닥을 무리하게 준설한 탓에 하상 침식과 세굴 현상이 일어나 발생한 사고라는 의혹을 지울 수 없다.

2008년 촬영한 '호국의 다리' 항공사진. 점선으로 표시된 곳이 2번 교각. 둔치가 아니라 강물 속에 박혀 있다.(위) 2011년 붕괴 며칠 뒤 촬영한 '호국의 다리'. 불어난 강물에 처참하게 무너진 교각과 상판이 잠겨 있다.(아래)

강바닥을 건드리지 말라!

강바닥을 채굴하고 준설하기 위해 강에 포클레인 삽을 넣자마자, 수중 생물의 서식지가 파괴되고 자갈과 모래 속에 알을 낳는 민물고기의 번식지도 없어진다. 수십만 년 동안 형성된 생태 환경을 한순간에 날리는 무모한 일이라 선진국들은 대부분 강바닥을 채굴하고 준설하는 것을 엄격하게 규제하고 있다.

우리의 환경부에 해당하는 영국의 환경청(Environment Agency)은 강바닥의 자갈층(Gravel)을 파내는 행위를 엄중하게 제한하고 있다.(영국에서는 지질 특성상 모래보다는 자갈이 강바닥 퇴적물의 주종을 이룬다.) 영국 환경청 정책을 보면 "특별히 선박 항행을 위해 허가를 받거나, 홍수 위험 관리, 용수 공급을 위해 필요하다는 증명이 있을 경우에만 허가하고 그 외에는 자갈 채취를 일절 금한다."라고 되어 있다. 영국 환경청은 채굴 허가도 쉽게 내주지 않고, 엄격한 조건을 만족시키는 경우에 한한다. "채굴을 할 경우에도 그것이 환경에 미치는 영향이 크다면, 지속 가능하고 환경적으로 수용 가능한지를 확인하는, 채굴 규모에 맞는 연구 결과를 제안서와 함께 환경청에 제출해야 한다."라고 못 박고 있다. 상당히 까다로운 요구다.

영국보다는 덜 까다롭지만 미국도 마찬가지다. 특이하게도 미국의 채굴과 준설 통제권은 미 연방법 가운데 수질 오염 방지법(Clean Water Act) 404조에 의거해, 육군 공병단(The U. S. Army Corps of Engineers)과 미국 환경보호청(EPA)이 가지고 있다. 강과 시내의 바닥과 제방을 변경하거나 다리와 댐을 건설하려면 두 부서의 규제를 받아야 한다.

선진국도 마구잡이 준설을?

라인 강 하류 삼각주에 자리 잡은 네덜란드는 늘 라인 강과 지류의 범람, 홍수 때문에 골치를 앓아 온 나라다. 네덜란드에서도 원래는 강 옆에 제방을 높이 쌓아 범람을 막았다. 그러다 1993년과 1995년에 큰 물난리를 겪은 후 네덜란드 정부는 앞으로 닥칠지도 모르는 대규모 홍수에 대비하기 위해 제방 높이 쌓기 위주의 홍수 통제 방식을 바꿔, 강물이 흐를 공간을 충분히 마련해 주자는 "강에게 더 많은 공간을(Room for the River)"이라는 계획을 세웠다.

보고서는 세 가지 방식을 제안했다. 첫째, 강 옆 둔치의 높이를 낮추는 것.(Lowering of river foreland) 둘째, 강 옆 둔치에 양쪽으로 수로를 하나씩 더 내는 것.(Secondary channels in river foreland) 셋째, 강 옆의 제방을 후퇴시켜(Dike displacement) 홍수가 났을 때 통수 공간을 더 많이 확보하는 것.

네덜란드의 "강에게 더 많은 공간을" 프로젝트

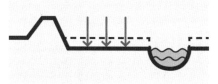

강 옆 둔치의 높이를 낮추는 방법

강 옆 둔치에 양쪽으로 수로를 하나씩 더 내는 방법

강 옆의 제방을 후퇴시키는 방법

의 공식 사이트(www.ruimtevoorderivier.nl)를 찾아보면 강바닥 준설은 라인 강의 극히 일부 구간에서만 제한적으로 시행된다는 사실을 알 수 있다. 강물의 공간을 확보하는 방법으로 강 구간별 지형 특성에 맞는 방식을 선택해 홍수 시 강물이 주변에 피해를 주지 않고 빨리 흘러갈 수 있도록 했다. 수로 주변의 범람원을 파내거나, 둑을 높이고 뒤쪽으로 물리는 방법, 홍수 시 물을 담아 두는 수로 주변의 호수를 넓히거나 고도가 높은 곳에 지류를 파서 본류 물길을 분산하는 방법 등이다. 요컨대 네덜란드의 홍수 대책은 예전에 강이 마음껏 범람했던 공간을 강에게 되돌려 주자는 것이다.

그런데 국토해양부는 네덜란드의 계획을 "하도 준설에 의한 홍수 방어 능력 증대"로 소개하면서 "홍수터 및 주 수로 준설: 퇴적에 의해 높게 형성된 둔치 및 주 수로를 준설하여 홍수 소통 공간 확보"라고 준설 방식을 과장해 인용하고 있다. 네덜란드의 계획은 높아진 제방과 수로 사이의 강변 둔치를 깎아서 낮추는 것이며, 주 수로 준설은 주된 방식이 아니다. 왜냐하면 네덜란드 정부는 생태와 지형에 미치는 영향을 고려해 강바닥 준설을 까다롭게 규제하고 있기 때문이다. 네덜란드에서는 강어귀 선박 통행을 위한 목적 등 불가피한 경우에만 준설을 시행한다. 2003년 자료를 보면 네덜란드의 일 년 준설량은 3500만 제곱미터로, 4대강에서 일 년 반 동안 퍼낸 5억 7000만 제곱미터의 6퍼센트 정도밖에 안 된다. 게다가 네덜란드의 이 계획은 2000년에 논의가 시작돼 2006년에 내각의 제의로 입안한 다음 실현 타당성, 환경에 미치는 영향 등을 면밀히 검토한 후에야 2007년에 시행에 들어갔다. 계획의 완료 시점은 2015년. 무려 십오 년이라는 시간

6 사라지는 모래톱

을 들여 환경, 생태, 지형, 재정, 주민 여론 등 모든 조건을 신중하게 따지고 반영해 사업을 마무리한다. 반면 한국은 총 길이 690킬로미터나 되는 4대강 사업 구간을 단 이 년 만에 전부 파서 뒤집고 있다.

모래톱을 야금야금 먹는 댐

경북 예천군의 회룡포만큼 잘 알려지지는 않았지만 전북 무주군에도 한때 비경으로 소문났던 물돌이 마을이 있다. 전북 장수군에서 발원한 금강이 북쪽을 향해 흐르다가 진안군 용담 호수를 거친 후 북동쪽으로 방향을 틀어 구불구불 흐르다 선녀의 어여쁜 발이 들어간 양말처럼 빚어낸 곳, 내도리다. 강물은 양말 끝 부분에서 흐르는 방향을 정반대로 바꿔 땅을 휘감는다. 금강을 사이에 둔 형제 같은 두 동네는 이름도 정답게 앞섬 마을, 뒷섬 마을이다. 1963년 신상옥 감독이 영화 「쌀」을 여기에서 촬영했을 정도로 빼어난 경치를 자랑했던 곳이다. 이중환은 『택리지』에 적등강(금강) 상류의 "네 고을, 즉 용담, 금산, 장수, 무주 중간에 전도, 후도, 죽도라는 경치 좋은 곳이 있다. 그러나 시내와 산의 경치는 좋으나 농사지을 땅이 조금 먼 것이 유감이다."라고 적었다. 전도와 후도는 다름 아닌 앞섬과 뒷섬 마을이다. 지금도 위성지도로 보면 마을을 감싸 안은 강과 흰 모래톱이 아름답게 보인다. 그러다가 의문이 떠오른다. 비슷한 물돌이 지형 마을인데 왜 회룡포나 하회 마을처럼 잘 알려지지 않았을까?

4월 하순에 무주읍에서 다리를 건너 내도리 마을을 찾아가면 활짝 핀 분홍색 복숭아꽃에 싸여 무릉도원 분위기를 물씬 느낄 수

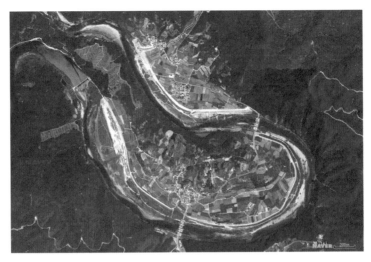

전라북도 무주군 내도리 위성지도

있다. 마을 가운데로 도드라져 있는 얕은 언덕들은 온통 복숭아밭이
다. 이중환이 지적한 대로 논농사를 지을 만한 땅은 아니다. 하지만
여름이면 꿀물이 줄줄 흐르는 황도가 주렁주렁 달릴 테고 그것이 벼
농사보다 훨씬 수지가 맞으니 그런 타박은 옛말이 됐다. 모래톱을 보
고 싶어 마을을 둘러싸고 있는 높은 둑길을 따라 강변으로 걸어간
다. 주변의 산지가 낮아 시야가 툭 트여 있는 하회 마을이나 회룡포
와 달리, 높은 절벽을 뽐내는 웅장한 산들이 마을을 첩첩 에워싸고
있다. 금강을 예전에 적등강이라 불렀던 이유는 강을 따라 병풍처럼
서 있는 퇴적암 절벽들이 붉게 빛나 보였기 때문일 것이다. 한참을 가
도 흰 모래는 눈에 띄지 않고 키 큰 물억새가 시야를 가린다. 강변으
로 난 틈을 찾아 내려가면서 안타까움의 탄성이 터져 나온다. 흰 모

6 사라지는 모래톱

분홍색 복숭아꽃이 만발한 내도리 마을

래는 간 곳이 없고 자갈과 큰 돌멩이만 흉하게 뒹굴고 있다. 도대체 무슨 일이 있었기에 이렇게 변해 버렸을까?

예순이 다 되어 가는 마을 이장을 만나 이야기를 들어 보니 그 분이 젊었을 때는 무릎까지 찰 정도로 흰모래가 그득했단다. 주말이면 모래찜질을 하러 서울에서도 사람들이 몰려올 정도였고 손님을 치르느라 딴 일을 못했다고. 여름이면 백사장에 솥을 걸어 놓고 첨벙 첨벙 금강에 걸어 들어가 동자개, 누치 등을 잡아 매운탕을 끓이고 밤새 놀았다는 이야기를 하면서 그는 "마을 다 베렸다."라고 푸념을 했다. 그러면서 이십 년 전 마을 위 강 상류에 생긴 수력발전소와 십 년 전 건설된 용담댐을 원망했다. 두 시설이 들어서면서 물이 줄었고

모래가 쓸려 내려간 내도리 자갈밭

쌓였던 모래톱이 조금씩 쓸려 내려갔다고.

　　댐 또한 강바닥 채굴처럼 침식을 일으켜 '배고픈 물'을 만들어 낸다. 강물이 상류에서 휩쓸고 내려온 토사, 자갈 등이 댐에 막혀 인공 호수 바닥에 가라앉는다. 짐을 빼앗긴 채 댐을 빠져나온 강물은 그 대신 댐 아래쪽의 강바닥, 옆구리, 모래톱을 깎아먹는다. 상류의 퇴적물은 공급되지 않고 그저 빼앗기기만 하니 모래톱이 남아날 리가 없다. 무주군 내도리에서 벌어진 일은 댐 아래쪽에서 일반적으로 일어나는 현상이다. 안동댐 아래쪽의 하회 마을 모래톱도 비슷한 변화를 겪고 있다. 그리고 영주댐이 생기면 무섬 마을과 회룡포도 같은 운명에 처할 가능성이 높다. 그래서 우리보다 먼저 댐 시설을 발

6 사라지는 모래톱

전 및 홍수 조절에 활용해 온 나라들은 하류의 침식을 막기 위해 다양한 방법을 사용하고 있다. 독일은 운반물을 잃은 배고픈 라인 강에 정기적으로 자갈과 토사를 넣어 준다. 강바닥이나 제방을 먹지 말라고, 강의 허기를 달래 주는 것이다.

모래톱과 모래의 강, 모래의 지형을 훼손하지 않으면서 지속 가능한 개발을 할 수 있는 방법은 과연 없는 것일까?

모래로 만든 예술(?)

대지 미술(Land Art, Earth Art)은 들판, 산, 호수, 바다, 섬 등 자연 지형을 변형하거나, 대지 위에 인공 구조물을 설치하는 예술 형식을 말한다. 1960~1970년대에 땅덩어리가 넓은 미국의 작가들이 처음 제작하기 시작했는데, 비행기나 기구를 타고 공중에서 봐야 전체 규모를 파악할 수 있을 정도로 거대한 크기와 부피를 자랑한다.

대지 미술가들은 손도 크고 간도 크고 통도 크다. 그들이 기획하고 제작한 작품을 보면 그 스케일에 놀라기 일쑤다. 대지 미술가는 기존에 존재하는 지형 위에 새로운 인공 지형을 고안하고 조성해서 새로운 풍경을 보여 준다. 예술가가 스스로 신(神), 즉 자연을 창조하는 주체가 되어 없던 공간이나 생태 환경을 만든다. 주변 생태에 미치는 영향을 면밀히 검토한 후에 친환경적으로 작업을 하는 대지 미술가는 곧 환경 미술가이기도 하다. 헝가리 태생의 대지 미술가 아그네스 데니스는 의미가 깊고 상징적인 작품을 많이 제작했다. 특히 1982년에 뉴욕 맨해튼 중심가의 공터 약 8000제곱미터에 밀을 심고 500킬로그램을 수확해, 그 밀 종자를 기아 해결을 위해 세계 각국에 보내는 이벤트를 벌였다.

대표적인 대지 미술 작품으로는 로버트 스미스슨이 만든 미국 유타 주 솔트레이크의 「나선형 제방」이 있다. 1970년에 현무암, 흙, 모래 6500

로버트 스미스슨, 「나선형 제방」

톤을 써서 엿새 만에 완성한 460미터 길이의 나선형 제방. 이 작품은 호수의 수면이 높아져 삼십 년 동안 잠겨 있다가 2000년대 중반에 다시 모습을 드러냈다. 그 작품에 들어간 예산과 장비(제작비 9000달러, 덤프트럭 두 대, 트랙터 한 대, 기중기 한 대)는 현재 한반도에서 벌어지고 있는 엄청난 대지 미술 프로젝트(?)에 비하면 새 발의 피처럼 소박하고 아담한 규모에 지나지 않는다.

미국같이 땅덩어리가 큰 나라가 아니면 꿈도 꾸지 못할 대지 미술을 한반도에서 이렇게 열심히 제작하는 이유는 무엇일까? 유럽 절대왕정 시대의 음악과 미술이 소수 왕족과 귀족 상류층의 전유물이었듯이, 21세기 한반도의 대지 미술은 자가용 헬기를 소유한 재벌이나 관용 헬기를 타고 공사 현장 상공을 시찰하러 나온 고위 관료가 아니면 보기 힘들다. 서민 애호가들은 바람 가림막도 없는 패러글라이더를 타고 얼어 죽을 각오로 하늘에 떠야 겨우 볼 수 있을까 말까 한다. 여기서 창공의 찬바람을 맞으며 슬쩍한 초대작(超大作), 미공개 걸작을 한 편 소개한다.

「모래를 먹는 나무(Sand-eating tree)」라는 이름의 이 작품은 숨이 막힐 정도로 아름답다. 지상의 작업자들이 지금 자신이 어떤 창조 행위를 하고 있는지 전혀 모르는, 무의식 상태에서 나온 예술 작품이기에 더욱 가

6 사라지는 모래톱

「모래를 먹는 나무(Sand-eating tree)」, 경상북도 구미시 낙동강 부근

치가 있다. 토건족이 심혈을 기울여 개발한 올록볼록 소복소복 솟은 샌드 엠보싱 기법을 활용해 일종의 콜라주 작품을 만들었다. 검은 모래, 갈색 모래, 흰 모래까지 색조를 달리해 규칙적으로 배열한 작은 모래 무덤이 작품의 왼쪽 하단을 안정감과 중량감 있게 받쳐 준다.

모래를 쌓아 계조(階調, Gradation)의 차이를 섬세하게 표현하려면 수십 년 동안 숙달된 테크닉이 필요하다. 붓놀림은 또 얼마나 경쾌하고 자유

자재한가? 타이어에 물을 듬뿍 묻힌 덤프트럭이 모래를 가득 싣고서 육중한 무게감을 마음껏 이용한다. 주제인 나무줄기를 표현하기 위해 하루 종일 수백 번 붓질을 하며 깊고 진하게 획을 긋는 훈훈한 모습. 동양화 준법(皴法)의 정신세계를 공사판의 기름 먹는 기계로 구현해 낼 정도로 토건족의 예술적 기량은 정점에 달했다.

굵은 나무줄기 오른쪽에 강변의 억새밭을 색조 단계가 다르게 적절히 뭉개고 남겨서 인공미(삽질미)와 자연미가 어우러지게 했다. 오랫동안 삽질을 경험하면서 대비(對比, Contrast)란 무엇인가를 터득한, 경탄할 만한 구성(構成, Composition) 능력이다. 나무의 부푼 머리 모양을 세밀하게 묘사하기 위해 투박한 덤프트럭들이 왕희지의 붓처럼 때로는 힘차게, 때로는 부드럽게 움직이는 모습을 보면 혀를 내두르게 된다. 그야말로 베네치아 비엔날레에 출품해도 좋을 만한 한국 대지 미술 최고의 걸작이다.

게다가 나무 한 그루가 맨 왼쪽에 남아 있음을 발견할 때, 이 작품에 더욱 놀라게 된다. 작품 창조(공사)에 방해가 된다고 나무를 뿌리째 뽑아 버리지 않고, 주제를 암시하기 위해 캔버스인 대지 위에 남겨 둔 예술가의 배려와 자비심에 눈물까지 난다.

얼마 전 4대강 공사 예산을 마구 퍼 줬던 강만수 전 지식경제부 장관이 한 인터뷰에서 "4대강 사업은 치수 사업이 아니고 레저 사업."이라고 말했다.(「4대강, 치수 사업 아닌 호텔·레저 사업」 기사, 《경향신문》 2011년 2월 17일 자) 이 대지 미술 작품을 본 사람이라면 누구나 그 말에 동의할 것이다. 누가 4대강 사업을 삽질로 폄하하는가? 삽질도 예술이 될 수 있음을 대지 미술 작품이 증언한다. 이 걸작을 보면 4대강 사업은 눈과 마음을 즐겁게 하는 문화 및 레저 산업임이 틀림없다. 4대강 유역을 들쑤신 후 어떤 환경 재앙이 닥칠지 아무 대책도, 생각도 없는 '막가파' 정신으로 작품을 공개하지 않고 자기들끼리만 알고 즐긴다는 것이 문제지만.

에필로그

치유하는 모래

4대강 주변 곳곳에 쌓여 있는 모래의 산과 피라미드. 대한민국 정부는 세상에서 가장 작은 알갱이와 쓸데없는 전쟁을 벌이고 있다. 중국이나 몽골처럼 모래가 바람에 날려 와 국토가 사막으로 변하는 것도 아니고, 오히려 모래가 경작지를 넓혀 주고 비옥하게 해 주는데 말이다. 납득하지 못할 이유로 모래를 홀대하는 이들은 언젠가는 모래의 역습에 비참하게 굴복할지도 모른다. 중세 이탈리아 시인이 읊은 "뜨거운 모래"의 맛을 보면서. "영원한 불의 비가 쏟아져 내려 고통은 커지고, 불타는 모래밭은 마치 부싯돌 밑의 심지처럼 뜨겁다." (단테 알리기에리, 「신곡」 '지옥' 편 14곡)

이탈리아 르네상스 시대의 위대한 시인 단테는 서양 중세의 세계관을 집약한 걸작 「신곡」에서 지옥을 아홉 단계로 나눈다. 그중 일

257

곱 번째 지옥에서 형벌을 집행하는 장소로 불타는 모래밭이 등장한다. 죄인들은 뜨거운 모래밭에서 서성거리거나 눕거나 쪼그리고 앉아 고통에 찬 고함을 내뱉는다. 타오르는 불의 비를 맞으면서.

단테는 강둑에서 모래 위를 계속 걸어야 하는 여러 망령들을 내려다본다. 남색(男色)에 빠진 죄인들은 잠시도 쉬지 못한 채 지친 몸을 이끌고 모래 위를 걸어야 한다. 해변을 걸어 봐서 알겠지만 모래 위를 걷는 것은 흙 덮인 평지를 걷는 것과는 비교가 되지 않을 정도로 힘들다. 발을 짚으면 바닥이 파이고, 움푹해진 구덩이에서 발을 빼내 그다음 발자국을 내딛기가 쉽지 않다. 신성모독 죄를 지은 이들은 모래밭에 누워 있어야 하는 벌을 받는다. 고리대금업을 통해 가난한 이들의 피를 빨아먹은 자들은 모래밭 위에 쪼그린 자세로 앉아 있어야 한다. 평생 앉아서 이자를 받아 챙긴 대가다. 폭주하는 기관차에서 나오는 연기처럼, 달궈진 모래에서 김이 뿜어져 나오면 죄인들은 두려움에 떤다. 새로운 열을 받아 지글대는 모래의 촉수가 사지(四肢)를 삼켜 버릴 시간이 다가온다. 죄인이 감수해야 하는 불타는 모래의 고통은 '무한과 영원'의 형벌을 상징한다. 더러움을 정화하는 사막처럼, 쇠의 녹을 닦아 내는 사포(沙布)처럼 모래가 이들의 죄를 지워 버리는 것일까?

흡수하는 모래

모래는 액체와 충격을 흡수한다. 모래 위에 물을 뿌려 보면 모래가 얼마나 빨리 액체를 흡수하는지 알 수 있다. 모래와 같은 고체 입자들 사이의 빈 공간을 공극(孔隙)이라 하는데 그곳에 많은 액체를 담을 수 있다. 고체 입자들의 부피와 거기에 담을 수 있는 액체 부피 사이의 비율을 공극률이라 하는데, 모래의 공극률은 50퍼센트에 이른다. 즉 모래 1리터가 0.5리터의 물을 머금을 수 있다는 뜻이다.

그래서 고대 로마인들은 피 비린내 나는 검투사들의 혈투가 벌어지는 원형경기장에 모래를 깔았다. 흥분한 관중이 함성을 지르는 가운데 반짝반짝 빛나는 모래 위로 칼과 창에 맞은 패배자가 쓰러진다. 모래는 희생자의 피를 순식간에 빨아들인다. 잔인

로마의 원형경기장

한 살육전이 끝나면 노예들이 더러워진 바닥을 걷어 내고 새 모래를 깔아 다음 날 경기를 준비한다. 영어로 경기장이나 공연장을 Arena라고 하는데 이는 모래를 뜻하는 라틴어 Harena에서 유래한 말이다.

한국의 씨름 경기도 모래 위에서 벌어진다. 일본의 스모 경기장 도효(土俵)는 모래와 흙을 섞은 후 그 위에 볏짚을 깔아 만든다. 모래가 충격을 흡수해 주기 때문이다. 모래 위에서는 메다꽂히고 넘어지고 떨어져도 크게 다치지 않는다. 운동장이나 놀이터에도 모래가 깔려 있다. 바닷가 백사장에서 부모들이 안심하고 아이를 풀어 놓을 수 있는 것도 모래 위에서 넘어져도 큰 상처가 나지 않기 때문이다.

'르망 이십사 시간 레이스(Le Mans 24)'로 유명한 프랑스의 르망 경기장에서 1955년에 경주용 자동차가 관중을 덮쳐 여든 명이 숨지

에필로그

는 사고가 일어났다. 대회 본부는 치명적인 사고를 줄이기 위해 부랴 부랴 모래를 채운 통을 경주 코스의 방어용 울타리로 세워 두기로 했다. 통에 담긴 모래 입자들이 외부 충격파를 흡수하기 때문이다. 태풍과 홍수를 예측하는 첨단 예보 시스템이 갖춰져 있다 해도, 넘치는 물의 에너지를 제어하는 데에는 아직도 모래 자루를 둑에 쌓는 것이 가장 좋은 방책이다. 전 세계적으로 모래를 채워 넣은 폭발 방어벽, 모래 깔창 등 모래의 충격 흡수 효과를 응용한 특허 상품이 줄을 잇고 있다.

정화하는 모래

펜에 잉크를 적셔 글을 썼던 서구에서는 종이에 번진 잉크를 흡수하기 위해 모래를 사용했다. Blotting Sand라 불린 모래는 잉크 얼룩을 막는 데 아주 효과적이었다. 유럽의 관공서나 가정의 책상 위에는 반드시 모래가 들어 있는 통이 있었다. 네덜란드 화가 가브리엘 메취의 작품 「편지 쓰는 남자」에서 테이블 왼쪽 끝을 자세히 보면 잉크가 든 은색 통, 모래가 들어 있고 자루가 달린 공 모양의 병(Sandshaker)이 있다. 남자는 펜으로 글자를 쓴 후 모래가 든 병을 종이에 대고 번지는 잉크를 흡수할 것이다. 지금도 미국 상원 의원들의 국회 자리에는 모래가 든 고풍스러운 병이 놓여 있다고 한다.

이슬람교에서도 모래는 더러움을 씻어 주는 역할을 한다. 이슬람교도들은 메카를 향해 기도를 올리기 전에 늘 몸을 깨끗이 한다. 이 정화 의식을 우두(Wudu)라 하는데 보통 물을 이용해 씻는다. 하지만 물

이 귀한 사막이나 물
이 오염된 지역에서
는 모래가 정화수 역
할을 한다. 모래나 흙
으로 몸을 닦는 것을
타얌뭄(Tayammum)이
라 한다.

『삼국지연의』,
『수호전』, 『금병매』
와 함께 중국의 4대
기서로 꼽히는 소설
『서유기』에서 삼장법
사는 서역 천축국으
로 불경을 얻으러 떠
난다. 그를 보호하는

가브리엘 메취, 「편지 쓰는 남자」

세 괴물이 손오공, 저팔계, 사오정이다. 그런데 그중 사오정이 沙悟淨,
즉 모래의 정령(The dark spirit of the sands)이라는 사실을 아는 사람은 별
로 없다. 한자를 글자 그대로 해석하면 '모래처럼 깨달아서 깨끗해진
다, 정화된다.'라는 뜻이다. 사오정의 또 다른 이름은 사화상(沙和尙),
즉 모래의 승려다. 괴물의 이름 치고는 정말 뜻이 깊지 않은가? 사오
정은 원래 하늘나라의 장군이었다. 실수로 옥황상제의 유리 등잔을
깨뜨려서 지상으로 추방당한 후 강가에서 살다가 삼장법사 일행에 합
류한다. 분명 강모래와 연관이 있는 이름이고, 불경을 찾아 떠나는 구

에필로그

도의 길을 가면서 새 삶을 얻는다는 주제와도 어울린다.

종교나 설화에서만 모래가 '정화'를 상징하는 것은 아니다. 모래는 실제로도 정화의 목적으로 사용된다. 미국의 축산업자들은 소를 건강하게 키우기 위해 모래를 축사 바닥에 깔아 준다. 예전에는 톱밥 같은 유기물질을 사용했는데 가축의 배설물 때문에 세균이 많이 번식하는 부작용이 있어 무기물인 모래로 바꿨다. 소의 배설물이 모래와 섞이면 세균 수가 많이 줄어든다. 모래의 표면이 세균을 잘 흡수하기 때문이다.

모래를 통과한 물이 가장 맑고 깨끗하다

모래의 필터 기능은 오래전부터 잘 알려져 있었다. 수돗물 정수장에서도 모래가 병원균을 여과하고 제거하는 기능을 활용한다. 우리가 마시는 수돗물은 모두 모래를 통과한 것이다. 모래가 많이 퇴적된 지형을 이용해 깨끗한 물을 얻는 방식도 있다. 강변 여과 취수(River Bank Filtration)라는 이 방식은 한국에 도입된 지 얼마 안 됐다. 흐르는 강물이나 댐의 물이 아니라, 모래가 퇴적된 강변의 땅을 뚫고 관을 묻어 지하의 물을 뽑아 올려 원수(原水)로 쓴다. 모래층과 자갈층에서 자연 여과 과정을 거친 물을 원수로 사용하는 것이다. 1870년 독일 뒤셀도르프 시에서 라인 강변 지하수를 처음 끌어 올려 쓴 후 그 효과를 인정받고 있는 방식으로, 세계 여러 나라에서 채택하고 있다. 왜 독일에서 이런 방식을 처음 사용했을까? 1866년 뒤셀도르프 지역에서 콜레라가 쉰일곱 건이나 발생해 감염자의 반 이상이 사망했다. 당시 시민들은 빗물을 받아 마시거나 수원이 좋지 않은 공동 우물의 물을 마시고 콜레라에 감염됐다. 시의회는 영국의 토목 기술자 윌리엄 린들리에게 안전한 식수원을 찾아 달라고 의뢰했다. 그는 라인 강변의 퇴적 지형에 자연정화 기능이 있다는 것을 발견하고 거기에 취수정을 팠다. 이렇게 1870년에 도입된 강변 여과 취수 방식은 유럽과 북미 대륙으로 확산됐다.

강변 충적층에 인공 저수지를 만들어 물을 정화하는 곳도 있다. 대표적인 곳이 체코의 소도시 카라니다. 1968년에 강변 충적층을 깊게 파서 인공 저수지를 만들었는데, 바닥에 8~12미터 두께의 모래층과 자갈층이 깔려 있다. 여기에 이제라 강에서 취수한 물을 집어넣으면 강물이 거기에 사십 일간 머물면서 자연정화된다. 이 방식으로 초당 700~900리터의 물을 정수해 수도 프라하에 공급한다.

강물이나 지표수가 충적층을 통과하면 수질은 놀라울 정도로 깨끗해진다. 자연 상태에서 얻을 수 있는 물 중에서 안전성이 높고, 미네랄 함유량이나 용존산소량이 많으며, 정수 약품인 불소를 덜 사용할 수 있고, 정수 과정이 간소화되는 등 여러 면에서 직접 강물을 취수하는 것보다 뛰어나다. 우리나라에서는 1990년대부터 한국수자원공사가 강변 여과 취수

체코 카라니의 모래 정수장

에필로그

방식의 도입 여부를 검토했고, 모래와 자갈이 잘 퇴적되어 있는 낙동강 주변이 유력한 후보지로 선정되어 현재 경남 창원시와 함안군에 정수장이 설립되었다. 창원시의 강변 여과 취수장인 대산 정수장에서는 하루 5만 5000톤의 깨끗한 물을 창원시와 마산시에 공급하고 있다.

사대부가 살기 좋은 곳이 어디인지 찾고 고민하던 이중환은 『택리지』의 「복거총론(卜居總論)」 '지리' 편에서 여러 차례 물의 중요성을 강조한다. "무릇 물이 없는 곳은 사람이 살 곳이 못 된다. 산에는 반드시 물이 있어야 한다." 지금은 어디에나 상수도가 보급돼 있어 깨끗하고 맛 좋은 식수가 가까이 있느냐가 거주지를 정하는 데 중요한 고려 요소가 되지 않지만, 옛사람들에게는 제일 먼저 따져야 할 조건이었다. 이중환은 "붉은 찰흙과 검은 자갈, 누런 질흙은 죽은 흙으로 본다. 거기서 나는 우물은 장기(瘴氣, 축축하고 더운 땅에서 생기는 독한 기운)가 있어서 살 만한 곳이 못 된다."라고 지적하면서 모래층에 있는 물이 가장 좋다는 의견을 내놓는다. "무릇 시골살이는 물 한가운데나 물가를 가릴 것 없이 토질이 사토(砂土)로서 굳고 촘촘하면 우물물도 맑고 차다."(이중환, 『택리지』(이익성 옮김, 을유문화사, 2002)) 조선의 사대부들도 사질 토양에 담겨 있는 지하수가 얼마나 우수한지 잘 알고 있었던 것이다.

새로운 시작의 무대, 모래

블룸 씨는 구두로 천천히 모래를 문질러 (그 위에 쓴) 글자를 지웠다.

아일랜드 더블린 전경

희망이라곤 없는 물체. 그 속에선 아무것도 자라지 않아. 모든 게 사라
지지.

— 제임스 조이스, 『율리시스』 13권 중에서

아일랜드의 더블린을 무대로 만 하루 동안 주인공 블룸의 여정
을 그린 20세기판 「오디세이」, 『율리시스』. 더블린은 리피 강이 아이
리시 해로 접어드는 강어귀에 있는 도시다. 도시가 삼각주 위에 건설
됐다고 봐도 좋을 정도로 모래가 많고, 소설 속에도 해변의 모래가
자주 등장한다. 제임스 조이스는 모래를 불모의 상징, 소멸의 무대로
보았지만, 모래는 정반대로 다시 시작할 수 있는 힘, 새로운 시작을
의미한다.

에필로그

중세 시대의 주판

고대 서양에서는 모래를 깐 작은 판 위에 쇠꼬챙이로 숫자를 쓰면서 계산을 했다. 지금이야 칠판이나 종이처럼 쓸 데가 얼마든지 많지만, 옛날에는 숫자를 쓰거나 그림을 그렸다가 다시 지우기에 모래만큼 편한 것이 없었다. 주판을 뜻하는 Abacus는 모래, 먼지 등을 뜻하는 셈족 언어에서 나왔다. 실상 모래는 언제든 새로운 글자, 숫자, 그림을 그릴 수 있는 무대이다. 동아시아의 풍수지리 전문가들도 풍수지리를 가르치고 논할 때 산, 강 등 지형을 쉽게 그렸다 지울 수 있는 모래 소반을 사용했다.

이슬람에는 모래와 돌에 관한 이런 이야기가 전해 온다. 이스마일과 이브라힘이라는 두 친구가 함께 사막을 건너고 있었다. 갈증에 지친 두 친구는 어느 길로 가야 맞는지를 놓고 말다툼을 벌였다. 화가 난 이스마일이 참지 못하고 이브라힘의 얼굴을 쳤다. 그러자 이브라힘이 모래 위에 "오늘 제일 친한 친구가 나를 때렸다."라고 썼다. 얼마 후 두 친구는 오아시스를 발견했고 이브라힘은 물속으로 풍덩 뛰어들었다. 하지만 곧 발에 쥐가 나서 허우적대기 시작했다. 아까 친구를 때렸던 이스마일이 물속에 뛰어들어 이브라힘을 건져서 물 밖으로 끌어내 살렸다. 이브라힘은 이번에는 옆에 있는 돌에 "오늘 제일 친한 친구가 나를 살렸다."라고 새겼다. 이스마일이 궁금해서 물었다. 왜 아까는 모래에, 이번에는 돌 위에 글을 썼냐고. 이브라힘이 대답했다. "친구의 잘못은 모래 위에 써야 용서의 바람이 그것을 지울 수 있고, 친구의 선행은 돌 위에 새겨서 오랫동안 기억해야 하기 때문이지." 모래 위에 남긴 자국은 오래 기억되지 않는다. 하지만 빨리 잊고 다시 시작해야 하는 이들에게 모래는 새로운 가능성으로 가득한 실험의 장이다.

성리학의 창시자인 주자도 모래에 관한 일화를 남겼다. 어릴 때 아이들과 함께 모래밭에 놀러 가면 주자는 노는 대신 모래 위에 『주역』의 팔괘를 그리면서 생각에 잠기곤 했다. 변화무쌍한 역학(易學)의 세계를 표현하고 생각하는 데 모래판만큼 적합한 곳이 없었기 때문이다.

도교의 도사들은 수행 방식 중 하나로 물을 적신 붓으로 돌 위에 글자를 썼다. 햇빛과 바람을 받은 글자는 잠시 후에는 말라서 사라진다. 시간과 공간을 잠시 차지하는 물리적 실재의 덧없음을 체험하게 하는 것이다. 모래의 강을 흐르는 물이 모래 위에 잠시 자국을 남기고 떠나 버리는 것도 이치가 같다. 티베트의 라마승들이 모래로 만다라 그림을 그리고 난 후

모래 만다라

에 바람에 날려 버림으로써 존속이 아무런 의미도 없음을 깨닫는 것
또한 마찬가지다.

생성하는 모래

태평양 멜라네시아 제도에 사는 원주민들은 자신들이 물과 모
래의 결합에서 나왔다고 믿는다. 멜라네시아의 신 나레아우(Nareau)는
혼합으로 하늘과 땅을 만들고 모래와 물이 통정하게 해서 아들을 낳
았다. 아들은 아버지의 눈을 이용해 해와 달을 만들고 어둠을 제압
했다. 아버지의 살로 바위와 돌을 만들고, 아버지의 척추뼈로 인류의
조상이 되는 조상나무를 만들었다고. 무한한 모래만큼 많이 번성할
것이라는 희망을 담은 신화다. 뉴질랜드의 마오리족에게도 비슷한 신
화가 있다. 형체가 없는 암수의 결합인 태초의 공허 테 코레(Te Kore)에
서 낮, 밤, 공간이 나왔다. 거기서 다시 하늘인 랑이, 땅인 파파가 나
왔다. 창조주인 타네 마후타가 10개의 하늘에서 3개의 바구니에 지혜
를 담고 내려와 모래로 최초의 인간과 만물을 만들었다.
고대인들에게 모래의 무한성은 자손의 번식, 다산, 번영을 뜻했
다. 『구약성경』에서 신은 야곱에게 "너의 자손이 바다의 셀 수 없는
모래와 같이 많게 하리라."(「창세기」 32장 12절)라고 약속한다. 북아메리
카 선주민 호피(Hopi) 인디언의 다산을 관장하는 대지의 신은 '모래
제단의 여인(Sand Altar Woman)'이다. 동남아시아 태국, 라오스, 캄보디아
에서는 새해가 오면 사원에 작은 모래산을 쌓는다. 모래산은 불교의
탑을 상징한다. 신자들은 여기에 깃발, 꽃, 향을 꽂고 흰 줄을 두르거

나 향수를 뿌린다. 라오스에서 이 모래산은 일곱 딸이 카빈라폼 왕의 머리를 묻은 카일라스 산을 상징한다. 이 의식에는 자손이 번성하고 한 해 농사가 잘되고 곡식의 낟알이 모래처럼 무수히 많아지라는 의미가 담겨 있다.

치유하는 모래

모래는 잠을 불러온다. 서구에서 모래는 잠과 관련이 있다. 영어로 Sandman, 독일어로 Sandmann, 모래 인간은 잠 귀신이라는 뜻이다. 잠을 안 자고 보채는 아이에게 엄마는 모래 인간이 온다고 말한다. 빨리 자라는 이야기다. 모래 인간은 아이들의 눈에 모래를 뿌려서 아이들을 재운다. 아이는 상상 속에서 잠 귀신이 뿌리는 모래를 맞으며 꿈나라로 간다. 차이코프스키의 발레 음악으로 유명한 동화 「호두까기 인형」을 쓴 독일 작가 호프만은 「모래 인간(Der Sandmann)」이라는 단편소설에서 모래 인간이 아이들의 눈에 모래를 뿌리고 아이들의 눈알이 떨어져 나오면 그것을 주워 달 표면에 있는 자신의 둥지로 가져가 자식에게 먹인다는 기괴한 이야기를 한다. 모래 인간 전설은 모래가 눈에 들어가면 눈을 뜰 수 없다는 사실에서 나온 듯한데, 왜 하필 모래였을까? 모래와 아이들의 잠은 무슨 관련이 있을까?

차분하게 깔려 있는 모래는 평온한 느낌을 준다. 물가의 모래는 그 위에서 뒹굴고 싶은 욕망을 자극한다. 모래 위에서는 발걸음도 느려지고 급한 마음이 잦아들면서 안정이 찾아온다. 바닷가 백사장에 가면 어린아이들은 누가 시키지 않는데도 모래 장난을 한다. 어릴 때

모래 놀이 치료법

부터 모래 놀이에 익숙한 아이들에게 모래는 자신의 마음을 표현할 수 있는 편안한 대상이다. 1920년대 영국의 아동심리학자 마거릿 로웬설은 아이들이 모래를 깔아 놓은 상자에 다양한 모형을 배치하고 놀면서 속마음을 표현하게 하는 치료법을 생각해 냈다. 상담실을 찾은 아이들은 선반에 놓인 사람, 동물, 탈것, 건물 등 다양한 모형 중에서 자신이 원하는 것을 꺼내 모래 위에 이리저리 놓는다. 놀이를 하면서 아이들은 불안, 두려움 같은 감정을 무의식적으로 표현하게 된다. 상담 전문가는 아이의 이야기를 들으면서 어떤 문제가 있는지 알게 되고, 아이는 이야기를 하면서 자신의 문제를 자각한다. 오늘날 모래 놀이는 아이들뿐만 아니라 성인과 가족을 위한 심리 치료에도 널리 쓰이고 있다. 다 큰 어른도 어릴 때로 돌아가 모래 위에 자신의 이야기를 쏟아 놓는다.

북아메리카 선주민 나바호족은 질병을 치료하기 위한 주술 의식으로 모래 그림을 그린다. 병을 치료하는 샤먼이나 주술사가 그림의 형태를 결정한 후, 땅 위에 밑그림을 그리고 색깔 있는 모래를 뿌려 형체를 만든다. 그림이 완성되면 병자를 그림 한가운데에 앉히고 그림을 그리는 데 썼던 모래를 집어 몸에 대게 한다. 치유 의식이 끝나면 곧바로 모래 그림을 흩어서 없애 버린다. 모래 그림의 유형은

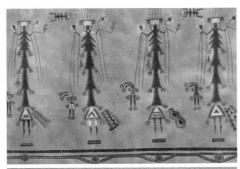

나바호족 모래 그림(위)과 바누아투 섬의 모래 그림(아래)

신, 동물, 번개, 무지개 등 600여 가지나 되는데, 실제로 그림을 보면 동서남북을 뜻하는 네 가지 색 모래를 촘촘히 뿌려 정교한 형태를 만드는 기법에 놀란다. 모래 그림은 워낙 신성한 것이기 때문에 옛날에는 외부인이 관람하거나 촬영하는 것을 금했다. 요즘에는 모래가 흩어지지 않게 접착제로 고정해서 상업용으로 판매하기도 한다.

모래 그림은 태평양 바누아투 섬 선주민에게도 남아 있다. 유네스코가 인류 구전 무형문화재로 선정한 이 걸작은 다른 도구를 전혀 사용하지 않고 모래 위에서 한 손가락만으로 그리는 것이 특징이다. 민족의 전설, 가르침, 농사 기술 등이 기하학적 문양 속에 담겨 대대로 전해 내려왔다. 오스트레일리아와 아프리카 대륙에도 선주민의 모래 그림 전통이 있다. 인류의 기억은 흩어졌다 모이는 모래에서 시작됐는지도 모른다.

모래는 망각이면서 동시에 용서다. 우리는 모래 위에서 잘못을 지우고 언제든지 다시 시작할 수 있다. 가변성과 가능성이 모래에 있다. 그래서 아이들은 모래 놀이를 하며 자신의 상처를 자각하고, 나바호족은 모래 그림 위에서 병을 치유하고, 티베트 라마승은 모래 만다라를 그렸다가 불어 없애며 삶의 진리를 깨닫는다.

모래에서 싹이 날까?

오늘도 모래의 강은 흐른다. 평소에 한반도의 강은 난바다의 너울처럼 사납지도 않고, 개펄처럼 곤죽이 되지도 않는다. 급하게 내리지르는 물살도 없다. 부드러운 모래 바닥을 따라 굽이지고 넘실대는 물결이 모래톱 사이로 물길을 내고 천천히 흐를 뿐이다. 모래가 물에 떠밀려 와 새로운 형상을 빚고, 물이 모래 위로 흐르며 줄기를 만들고, 그것들이 뒤섞이면서 독특한 풍경과 공간을 만든다. 강이 여러 방향으로 모래를 훑으면서 무궁무진한 문양과 형태가 나타난다. 강은 영역을 넓히고 많이 차지해서 누군가를 이기려 하지 않는다. 강과 모래는 더 많이 달라지고 더 많이 다양해지려 한다.

사막화가 진행되고 있는 중국 북부나 몽골에서는 바람에 날려 영역을 확장하는 모래가 공포의 대상이다. 하지만 모래가 늘 물과 함께하는 한반도에서 모래강은 새로운 생각의 무대가 될 수 있다. 들뢰즈처럼 다양성을 사유하는 철학자에게 모래는 단일한 신념과 교조를 강요하는 체제를 뒤집는 둥지가 된다. "모래사막에는 오아시스처럼 고정된 근거지만 있는 것이 아니다. 모래는 비가 오면 정착지와 자

모래톱 달뿌리풀

라는 방향을 바꾸는 뿌리줄기 식물을 낳는다."(질 들뢰즈, 펠릭스 가타리, 『천 개의 고원』) 모래 위에는 모래의 유동성을 닮은 식물이 자란다. 동아시아의 강가 모래톱에는 옆으로 뻗는 줄기에 뿌리가 달린 달뿌리풀이 있다. 이 녀석은 물이 별로 없어도 모래 너머로 껑충 넘어가서 몸을 확장하고 새로운 뿌리를 내린다. 모래가 물과 바람을 타고 내려와 지상 곳곳에 자신의 진지를 만드는 것처럼.

　　한반도의 모래와 모래강은 위기에 처해 있다. 아이들의 모래 놀이는 그 자리에서 쌓은 성을 헐거나 그린 그림을 지워 버리는 데서 끝난다. 모래를 퍼 가지도, 바닥 끝까지 파내지도 않는다. 토목 사업과 건축에 모래가 필요하다면 매년 둔치에 쌓이는 만큼만 퍼다 쓰면

에필로그

된다. 지금처럼 강바닥의 모래를 건드리는 위험한 짓을 해서는 안 된다. 막대한 세금을 들여 중장비로 강모래를 퍼내고 실어 나르는 이 엉터리 모래 장난을 우리의 후손들은 어떻게 평가할까?

4대강 공사는 모래와의 부질없는 싸움이다. 결코 이길 수 없는 무모한 도전, 패배로 끝날 수밖에 없는 우둔한 행동이다. 모래의 무한성을 너무 가볍게 생각하고 덤벼든 대가를 우리는 대대로 치러야 할지도 모른다. 우리 세대는 인간의 오만이 어떤 재앙을 불러올지 확인하는 실험실로 들어섰다. 그것도 엄청난 비용을 들여 가면서. 4대강 공사에 암묵적 동의를 보내거나 적극적인 저지를 회피함으로써 우리는 모래를 파내서 우리가 살 곳을 파괴하는 데 동참한 꼴이 됐다.

모래에서도 싹이 난다.

모래는 물과 함께 끊임없이 움직인다. 그 스스로 강이 되기도 하면서. 우리에게 모래의 강은 자연의 축복이며 선물이다. 우리의 삶과 문화는 그곳에서 시작됐고, 앞으로 지속 가능하고 비약탈적인 미래가 모래의 강에서 펼쳐져야 한다. 모래의 강은 고정된 입자의 사유, 흐름과 파동의 사유를 동시에 가능하게 한다. 우리 정서의 커다란 부분을 차지하는 모래의 역할을, 심리적 충격을 흡수하는 재료이며 창조의 무대이기도 한 모래의 의미를 우리는 너무 늦게 깨닫기 시작했다.

모래에서도 싹이 난다.

에필로그

감사의 말

여러 전문가들과 강을 사랑하는 분들의 도움이 없었다면 『모래 강의 신비』는 책과 다큐멘터리로 세상에 나올 수 없었을 것이다. 짧은 지면을 빌려 그분들께 감사의 마음을 전한다.

십여 년 동안 강을 취재해 『한국의 5대강을 가다』(내일신문, 2010)를 썼고 2010년 초 「환경스페셜」에서 모래를 다뤄 보면 어떻겠느냐는 조언을 해 준 《내일신문》 남준기 기자, 탁월한 통찰로 한국 하천에서 모래가 담당하는 역할을 일깨워 준 한국교원대 지리교육과 오경섭 교수, 추운 날씨에도 불구하고 대학원생들과 내성천 수질 검사를 맡아 준 충남대 환경공학과 서동일 교수, 내성천의 식생에 관해 많은 정보를 주신 동국대 바이오환경과학과 오충현 교수, 모래의 근원에 관해 상세히 설명해 주신 안동대 지구환경과학과 정기영 교수, 내성천 모래의 미생물 검사를 해 준 충남대 미생물분자생명과학과 이영하 교수, 물의 날 행사 인터뷰를 해 준 대한하천학회 이원영 수원대 교수, 내성천 지형에 관해 인터뷰해 준 공주대 건설환경공학부 이종형 교수, 강변 여과 취수의 장점에 관해 인터뷰해 준 부산대 지질환경과학과 함세영 교수, 「환경스페셜」 촬영 팀과 동행해 한국 하천의 퇴적 특성을 알려 준 한국교원대 조헌 박사 등 많은 전문가들이 다큐멘터리 제작에 큰 도움을 주셨다.

대한 성공회 영주 교회의 천경배 신부는 2010년 11월 내성천을 처음 찾은 제작팀을 친절하게 안내해 주셨고, 내성천을 몇 년째 카메라에 담고 있는 박용훈 사진작가는 이 책의 1장과 4장의 초고를 읽고 소중한 의견을 내 주셨다. 영주에 사는 장태홍 선생은 그 존재조차 모르고 있던 저자에게 내성천 운포구곡의 내용을 알려 주셨고, 영주시청의 박석홍 학예사는 내성천 모래에 관해 귀한 말씀을 해 주셨다. 누구보다 내성천을 아끼고 사랑하는 네 분으로부터 많은 것을 느끼고 배웠다. 누구보다 오랜 세월 영남의 강을 공부하고 지켜 오신 영남 자연 생태 보존회 류승원 회장, 낙동강과 내성천 사랑을 삶으로 실천하고 계신 지율 스님께도 감사를 전한다.

제작진을 이끌어 준 이연식 「환경스페셜」 팀장, "강과 생명" 2부작 프로그램을 함께 제작하고 고민해 준 권혁만 선배 프로듀서, 모래강의 아름다운 영상을 잡아 준 박성주, 허국회, 최기하 촬영감독, 유회상 생태 전문가, 윤순태 수중촬영감독, 성기수 곤충 생태 전문가, 우태하 동력 패러글라이딩 촬영감독, 정승환, 조재민 AD, 임지혜 스크립터에게 감사드린다. 특히 프로그램을 만들면서 처음부터 카메라를 잡은 박성주 감독은 지난 3월 일본 동북부 지진해일을 취재하려고 출장을 떠났다가 후쿠시마 원전이 폭발하는 바람에 피폭했다. 건강이 좋지 않은 상황에서도 촬영을 마무리해 준 덕분에 프로그램이 잘 방송될 수 있었다.

흔쾌히 출판을 결정하고 집필을 독려해 준 민음사 장은수 대표, 부족한 원고를 훌륭한 책으로 만들어 준 양희정 부장, 남은경 편집자는 이 책의 산파 역할을 해 주셨다. 바쁜 와중에도 추천사를 써 주신 성석제 작가, 시골 의사 박경철 원장께 감사드린다.

낳아 주고 키워 주신 부모님, 남편의 오랜 출장과 부재를 이해와 사랑으로 견뎌 준 아내 임윤희, 건강하게 자라 준 두 딸 지혜, 지오에게 못난 아들, 가장의 첫 번째 책을 바친다. 다음 휴가에는 아직 강모래를 밟아 보지 못한 식구들과 함께 내성천으로 떠날 계획이다.

2011년 8월
손현철

참고 문헌

프롤로그

국토해양부, 「4대강 살리기 마스터플랜」, 2009년 7월

Man-made Sandbars on the Missouri a Boost for Terns and Plovers, http://
www.abcbirds.org/newsandreports/stories/081205.html

Missouri River Sandbar Project, http://www.dredgingtoday.com/2010/12/13/
usace-studies-missouri-river-sandbar-project-usa)

1 낯선 풍경으로 떠나는 순례

민족문화추진회, 『국역 신증동국여지승람』 1~7(고전 국역 총서 40~46), 1970

국사편찬위원회, 『조선왕조실록』, http://sillok.history.go.kr

한국 고전 종합 DB, http://db.itkc.or.kr

영주 다목적댐 건설 기본 계획 고시, 국토해양부 고시 2009-410호, 2009년
  6월 30일
"영주댐은 낙동강 유역 수질 개선과 홍수 피해 예방을 위한 사업으로 4대강
  살리기 마스터플랜에 포함된 사업임", 한국수자원공사 보도 참고 자
  료, 2010년 11월 14일

2 모래의 책

Blake, *The Complete Poems*, Longman, 1971

호르헤 루이스 보르헤스, 『셰익스피어의 기억』, 황병하 옮김, 민음사, 1997

Michael Welland, *Sand, The Never-ending Story*, University of California Press,
  2009

장 로이크 르 클레트 외, 『사막』, 창해ABC북, 2002

르 클레지오, 『하늘빛 사람들』, 문학동네, 2001

Mark Buchanan, *Ubiquity*, Crown Publishers, 2000

아베 코보, 『모래의 여자』, 김난주 옮김, 민음사, 2001

Beijing's Desert Storm, http://www.gluckman.com/ChinaDesert.html

Nature Continues to Kick up a Storm, http://english.peopledaily.com.
  cn/200201/28/eng20020128_89492.shtml

R. A. Bagnold, *The Physics of Blown Sand and Desert Dunes*, Dover Publications,
  2005

3 뱃속에 사막을 품고 흐르는 강

G. Mathias Kondolf, *Hungry Water: Effects of Dams and Gravel Mining on River*

Channels, Environmental Management Vol. 21, No.4, Springer-Verlag New York Inc, 1997, 553~551쪽

조헌, 「사력퇴(沙礫堆)를 통해서 본 한국 산지 하천의 지형 특색」, 한국교원대 대학원 박사 학위논문, 2009

김정한, 『사하촌: 김정한 단편선』, 문학과지성사, 2004

권동희, 박희두, 『토양지리학』, 한울아카데미, 2007

권혁재, 『지형학』, 법문사, 2006

4 모래강의 신비, 내성천

기상청, http://www.kma.go.kr

국가 수자원 관리 종합 정보 시스템, http://www.wamis.go.kr

하천 관리 지리 정보 시스템, http://www.river.go.kr

송지향 편저, 『영주영풍 향토지』, 여강출판사, 1987

예천군지편찬위원회, 『예천군지』, 경상북도 예천군, 1988

이광률 외, 「경북 내성천의 하도 지형 환경 및 퇴적물 분석」,《한국지역지리 학회지》16권 2호 통권60호, 2010년 4월, 85~99쪽

이광률, 김송현, 「낙동강 중상류 내성천과 위천의 지형 및 수문 특성 비교 분석」,《한국지형학회지》16권 3호, 2009년 9월, 43~57쪽

이용수, 「내성천 발원지 답사기」,《하천과 문화》vol.2 no.4. 2006년 가을, 56~63쪽

5 모래톱이 있는 풍경, 낙동강, 감천, 회천, 섬진강

정우락, 『조선의 서정시인 퇴계 이황』, 글누림, 2009

건설교통부 국토지리정보원 엮음, 『한국지리지』 경상 편, 2005

이중환, 『택리지』, 이익성 옮김, 을유문화사, 2002

김용직 지음, 권부문 사진, 『안동 하회 마을』, 열화당, 1988

대구경북향토사연구협의회 엮음, 『고향 경북』, 경상북도, 1996

디지털 고령 문화 대전, http://goryeong.grandculture.net

하동군청 문화관광 http://tour.hadong.go.kr

6 사라지는 모래톱

Michael Lailach, *Land Art*, Taschen

「4대강 준설토 처리 위한 농경지 리모델링 사업장」, 김우남 의원 언론 보도
자료, 2010년 7월 27일

Michael R. Meador and April O. Layher, *Instream Sand and Gravel Mining:
Environmental Issues and Regulatory Process in the United States*, Fisheries,
Vol.23, No.11

THE REMOVAL OF GRAVEL FROM RIVERS Policy Number: 359_04,
http://www.intertidalmanagement.co.uk/contents/management_
processes/pdfs/risks%20benefits/359_04.PDF

National Marine Fisheries Service (NMFS) GRAVEL EXTRACTION POLICY,
http://swr.nmfs.noaa.gov/hcd/gravelsw.htm#III.

Spatial Planning Key Decision Room for the River, P-P.A van Meel & M.E.
van Boetzelaer

Evaluating Scour At Bridges, US Department of Transportation, Publication
No. FHWA NHI 01-001, 2001년 5월

G. Mathias Kondolf, *White Paper Freshwater Gravel Mining and Dredging Issues*, Center for Environmental Design Research, University of California Berkeley, 2002년 4월

http://www.ruimtevoorderivier.nl/meta-navigatie/english

에필로그

Eckert P., Irmscher R., *Over 130 years of experience with river bank filtration in Düsseldorf, Germany.* J. Water SRT-Aqua 55, 2006, 283~291쪽

Wikipedia, http://en.wikipedia.org/wiki/Water_purification

The Routledge Dictionary of Gods and Goddesses, Devils and Demons, Manfred Lurker, 2004

J. A. Coleman, *The Dictionary of Mythology*, Arcturus, London, 2007

『두산백과사전』 엔싸이버, http://www.encyber.com

한국 지질 자원 연구원 지질 정보 시스템, http://geoinfo.kigam.re.kr

한국 토양 정보 시스템, http://asis.rda.go.kr

모래강의
신비

1판 1쇄 찍음 2011년 8월 1일
1판 1쇄 펴냄 2011년 8월 5일

지은이 손현철
발행인 박근섭, 박상준
편집인 장은수
펴낸곳 (주)민음사

출판등록 1966. 5. 19. 제16-490호
주소   서울시 강남구 신사동 506 강남출판문화센터 5층 (135-887)
대표전화 515-2000 | 팩시밀리 515-2007
홈페이지 www.minumsa.com

ISBN 978-89-374-8373-8 03040